新媒体视阈下传统媒体发展研究

魏　璐　宋　婧　任秋璇◎著

吉林文史出版社

图书在版编目（CIP）数据

新媒体视阈下传统媒体发展研究 / 魏璐, 宋婧, 任秋璇著. -- 长春：吉林文史出版社, 2023.10
ISBN 978-7-5472-9768-1

Ⅰ.①新… Ⅱ.①魏… ②宋… ③任… Ⅲ.①传播媒介—研究 Ⅳ.①G206.2

中国国家版本馆CIP数据核字(2023)第188409号

新媒体视阈下传统媒体发展研究
XINMEITI SHIYUXIA CHUANTONG MEITI FAZHAN YANJIU

出 版 人：张　强
著　　者：魏　璐　宋　婧　任秋璇
责任编辑：王子龙
版式设计：张红霞
封面设计：王　哲
出版发行：吉林文史出版社
电　　话：0431-81629368
地　　址：长春市福祉大路5788号
邮　　编：130117
网　　址：www.jlws.com.cn
印　　刷：廊坊市广阳区九洲印刷厂
开　　本：710mm×1000mm　1/16
印　　张：10
字　　数：210千字
版　　次：2023年10月第1版　2023年10月第1次印刷
书　　号：ISBN 978-7-5472-9768-1
定　　价：78.00元

前　言

乘着互联网信息技术飞速发展的快车而来的新媒体因为本身具有信息即时性、高互动性和传播广泛性等多种特征，为人们的日常生活增添了诸多光彩，同时也带来了显著影响。

近年来，随着我国网络技术的发展，人们的阅读习惯开始发生很大的改变，网络新媒体传播速度也不断加快，传播的形式变得非常灵活，移动终端的出现也拓宽了新媒体在信息传播方面的范围。在此环境下，传统媒体必然要进行转型升级，汲取新媒体发展过程中的优势，充分认识自身的缺陷，并且扬长避短，在良好转型发展的过程中获得市场的立足之地。

本书研究新媒体视阈下传统媒体的发展，提出几点转型路径，首先介绍了新媒体概述、新媒体的发展历程，接着分析了新媒体产业、内容及技术，之后重点探讨了我国传统广播电视与新媒体融合发展的特征与模式、新媒体时代传统广播电视与新媒体融合发展的困境及成因、新媒体时代传统广播电视与新媒体融合发展的强化措施，最后在新媒体环境下就影视传播的发展路径方面做出详解，旨在为传统媒体在新媒体的环境中能够获取更多的竞争优势、发展空间提供一定的帮助。

本书参考和借鉴了相关学者的研究成果，在此表示诚挚的谢意。笔者不断关注媒体艺术领域的新技术和新成果，更致力于将数字媒体艺术与传统媒体融合起来，但是技术的更新推动着这一领域的不断发展，本书难免存在不足之处，恳请广大读者批评指正。

目　录

第一章 新媒体概述

第一节 新媒体概念及其演进

伴随着网络技术、数字技术和移动通信技术的迅猛发展，以网络媒体、数字电视媒体和移动通信媒体为代表的新媒体，已经渗透到社会生活的方方面面，给社会带来了巨大的变化与深刻的影响。新媒体发展越迅速，它在人们日常生活中占据的地位就越重要，从工作方式到生活习惯，从思维方式到行为准则，甚至交友、购物和媒体接触，无不打上它的烙印。

一、新媒体概念

关于"新媒体"（New Media）概念最早由谁提出，一般有两种观点。一种观点认为，该概念由美国哥伦比亚广播公司（CBS）技术研究所所长戈尔德马克（P.Goldmark）提出，他在1967年发表了一份"关于开发电子录像（Electronic Video Recording，EVR）商品的计划"，首次提出"新媒体"的概念，并将电子录像称为"新媒体"。1969年，美国传播政策总统特别委员会主席罗斯托（E.Rostow）在向美国总统尼克松提交的报告书中，也多次使用"新媒体"概念。此后，"新媒体"一词便在美国和欧洲被广泛使用，并风行世界各地。另一种观点则认为，"新媒体"概念至少可追溯到20世纪50年代。1959年，马歇尔·麦克卢汉在美国芝加哥参加全美高等教育学会举办的一次会议上，发表了"电子革命：新媒体的革命影响"的演讲，第一次提出"新媒体"的概念。

（一）新媒体的内涵

什么是新媒体，即如何定义新媒体？对此，国内学术界与业界一直都各执一词，莫衷一是，有的从技术的层面定义新媒体，有的从传播的层面界定新媒体，有的从内涵方面揭示新媒体，有的从外延方面表述新媒体等。科学而准确的概念是进行科学研究的必要前提，只有在准确把握概念的基础上，思维才能深刻。

新媒体是指采用网络技术、数字技术、移动通信技术进行信息传递与接收的信息交流平台，包括固定终端与移动终端。它具备以下基本特征：以新技术为载体，以互动性为核心，以平台化为特色，以人性化为导向。一般来说，新媒体有狭义与广义之分，"狭义新媒体仅指区别于传统媒体的新型传媒，主要包括被称为第四媒体的互联网（以电脑为终端的计算机信息网络）和第五媒体的移动网络（以手机等移动通信工具为终端，基于移动通信技术的移动互联网服务以及电信网络增值服务等传播媒介形式），这两种新媒体，又可被统称为网络媒体。广义的新媒体则包括大量的新兴媒体，指依托于互联网、移动通信、数字技术等新兴电子信息技术而兴起的媒介形式，既包括网络媒体，也包括传统媒体运用新技术以及和新媒体融合而产生或发展出来的新媒体形式，例如电子书、电子纸、数字报、IPTV 等。"狭义的新媒体是以互联网技术为内核，以电脑、手机等设备为终端，并通过与终端相适应或匹配的方式来进行传播，它以网络媒体为代表。而广义的新媒体则是基于网络技术、数字技术和移动通信技术，通过互联网、无线通信网、卫星等渠道，向电脑、手机、电视机以及各类数字化电子屏等终端传播信息的媒体形态，包括网络媒体、数字电视、IPTV、车载电视、楼宇电视和手机媒体等。本书的新媒体即指广义的新媒体。

以新技术为载体，是指新媒体的应用与运营以新技术为基础。网络技术、数字技术、移动通信技术的发明与普及，不仅为新媒体的诞生提供了技术支持，同时也为新媒体的运作提供了信息载体，使得信息能够以超时空、多媒体、高保真的形式传播出去。可以说，新媒体的所有特征，都是建立在新技术提供的技术可能性的基础之上。

双向互动是新媒体的本质特征。传统媒体的一个很大的弊端，在于信息的单向流动。新媒体的出现突破了这一局限，它从根本上改变了信息传播的模式，也从根本上改变了传播者与受传者之间的关系。传播参与者在一个相对平等的地位进行信息交流，媒体以往的告知功能变成了如今的沟通功能。这种沟通不仅体现在媒体与用户之间，还体现在用户与用户之间。可以说，新媒体的这一特征，不仅对于传统媒体，而且对于整个社会都将产生深远的影响。

新媒体搭建起一个信息交流平台，传统媒体与新媒体在这个平台之上逐渐走向融合。新媒体的出现并不会导致传统媒体的消亡，二者会相互补充、共同发展。新媒体以其包容性的技术优势，接纳与汇聚了传统媒体的媒介属性。报刊、广播、电视等传统媒体只有在适应新媒体环境，与新媒体的新技术形式相互渗透之后，才能获得二次发展，如今数字化报纸、网络广播、手机电视等融合性媒体如雨后春笋般出现便是明证。新媒体脱胎于旧的媒介形态的特征，为新旧媒体的相互融合提供了可能。

人性化是所有媒介的发展方向：口语媒介转瞬即逝、不易储存，于是有了文字媒介；文字媒介无法大规模复制，于是出现了印刷媒介；印刷媒介难以克服时空的障碍，电子媒介便应运而生。可以说，每一种新型媒介的出现，必然是对以前媒介功能的补充与完善。新技术是其出现的基础，而人性化导向意味着技术围绕人们的需求而展开。新媒体的出现，满足了人们渴望发声、分享的需求；满足了人们渴望交流、渴望互动的需求；满足了人们渴望以一个更快速、更便捷的方式获取与传播更多的个性化信息的需求。而在不远的将来，新媒体将带来真正的去中介化——人们在经历了部落社会的无中介、摆脱部落社会的中介化之后，正在迎来人与人之间交流的去中介化。届时，人们将欢欣鼓舞地迎接一个所有人与其他人都紧密相连的"地球村"时代。

（二）围绕新媒体概念的争议

对新媒体概念的讨论，大致可分为技术、传播、实务与调和四个派别。其中技术派侧重于从技术的角度去定义新媒体，强调技术进步在新媒体发展过程中的作用；传播派着重强调新媒体的传播特征，以及它对于传统的传播模式的影响与改变；实务派多是从实际运用的角度分析，其新媒体概念浅显直白、通俗易懂；调和派则是调和上述三个类别之间的差异，融合它们各自的特点，以概括的手法笼统地提出一个尽可能全面的新媒体概念

1. 技术派的观点

持技术派观点的人认为，新媒体的内涵是在世界科学技术发生巨大进步的背景下，在社会信息传播领域出现的建立在数字技术基础上的能使传播信息大大扩展、传播速度大大加快、传播方式大大丰富、与传统媒体迥然相异的新型媒体，其外延包括数字广播电视、手机短信、互联网络等。这一派观点强调了科学技术在新媒体发展过程中的作用，指出了由于新技术的引入所带来的传播活动的整体变化。同时，它从外延与内涵两个角度去界定新媒体，避免了内涵定义的抽象与外延定义的宽泛。

它的缺点是由于时代的局限性所带来的片面性，主要体现在：首先，当今新媒体已经运用了数字技术、网络技术和移动通信技术等多种技术手段，而不仅仅是它所提到的数字技术；其次，新媒体带来了传播活动方方面面的变革，特别是互动性与个性化，而不仅仅是传播信息、传播速度与传播方式方面的变化；最后，随着技术的进步与时代的发展，新媒体衍生出了许多新的形式，不只是它的外延定义中提到的那几类，而且数字广播电视、手机短信只能说是当时一种新出现的媒体，不是严格意义上的新媒体。

2. 传播派的观点

传播派认为，要从数字化、碎片化、话语权共享、全民出版四个方面解读新媒体，新媒体意味着技术的进步、传播语境的改变、传统话语权的解构和内容生产方式的转变。这一派观点指出了新媒体引发的传播领域的变化，上述四个方面对新媒体的解读，基本概括了新媒体的本质。同时，它也考虑到传播技术和传播语境因素对于新媒体的影响，而二者的进步与改变正是新媒体产生与发展的主要驱动力。

但这不能算一个严格意义上的新媒体概念，只能算是对新媒体概念的描述与解读，尽管它比较全面地介绍了新媒体的主要特点，但没能以凝练的语言提出一个明确的新媒体定义。此外，它找到了新媒体同传播技术与传播语境的相关性，却没能发现它们之间的因果性，正是后者的变革而引发了前者的变迁。

3. 实务派的观点

实务派以《连线》杂志为代表，将新媒体定义为由所有人向所有人进行的传播。该观点很好地概括了新媒体的核心特征，简短而明确。在传统媒体时代，传播活动呈现出两极

化趋势：一种是受众只能被动地接收媒体传递的信息，而无法将自身的意见及时反馈给媒体；另一种是由于话语权掌握在传统媒体手中，一般大众由于无法接触到稀缺的传播资源而很难将自己的声音与观点传播出去。新媒体的出现打破了传统媒体对传播资源的垄断，使得人人都有了麦克风，人们都可以利用手中的新媒体，向传统媒体以及其他所有人传播信息。反馈也变得及时而高效，避免了由于传播的迟滞带来的一系列问题。

但该派观点也存在一些问题。首先，这种观点缺乏定义的严谨性。媒体是人们进行信息传播活动的工具、载体、中介或技术手段，是一种实体的存在。而《连线》的观点将新媒体视为一种"传播"，最终将由于定义的随意性而沦为空泛之谈。其次，缺乏定义的全面性。对一个事物进行概念定义，应在准确把握事物实质的基础上对其主要特征进行全面概括。双向互动、自主传播是新媒体的核心特征，但不是全部特征，在定义新媒体时还要将它的技术特征、平台特征考虑在内。

4. 调和派的观点

持调和派观点的学者认为，新媒体是一个相对的概念，"新"相对于"旧"而言；新媒体是一个时间的概念，在一定的时间段内有代表这个时间段的新媒体形态；新媒体是一个发展的概念，它永远不会终结在某个固定的媒体形态上。这个定义几乎将人类历史上出现过的媒介都囊括在内，上文提到的界定新媒体概念发展阶段的三种媒体也都与这个定义相吻合。它从时间维度去界定新媒体，解释新媒体，赋予新媒体概念与时俱进的特点。

这种单一维度的概念界定也存在缺陷。首先，它从宏观的层面去把握新媒体的概念，指出了新媒体概念随着时间的推移而不断演进的特征，但未能指出新媒体的本质特征。其次，它概括了所有已经出现和将要出现的新媒体，但面面俱到并不是面面俱全，广度的代价是深度与精度的缺失。最后，定义需要逻辑的严谨性，是一种"什么是什么"的表述，后者必须能够高度概括前者的特征。而采用这种宽泛的概念来定义新媒体，可能造成新媒体概念的浅表化。

二、新媒体概念的演进

早在 20 世纪 50 年代，加拿大传播学大师马歇尔·麦克卢汉（Marshall Mcluhan）就曾发表过题为《电子革命：新媒体的革命影响》的演讲，不过他所说的"新媒体"是以时间维度为衡量标准，主要指的是他所处时代的"新媒体"，例如电报、照片和广播。而在国内，最早提出新媒体概念的时间可以追溯至 1986 年。目前可以查到的最早的一篇关于新媒体的文章是由方晓虹翻译，并发表在《外语电化教学》上的日本学者冈村二朗的《视听教育在新媒体时代的地位》。在冈村二郎的这篇文章中，广播、有线电视、录像和小型计算机被看作新媒体。新媒体概念的演进，经历了以互联网为代表的网络媒体、以博客为代表的自媒体、以手机为代表的移动新媒体三个阶段。

（一）互联网：从资源有限到资源无限

互联网的出现，突破了传统的报刊、广播与电视媒体在媒介资源上的局限性，使得海量的信息资源突破时空的限制传递到受众面前。同时，互联网信息内容的多媒体属性，使得信息的形式更为丰富，受众更易于接受。而且，由于调动了受众的多种感官，因而较之报刊、广播、电视等传统媒体，受众的参与性更强。

联合国教科文组织提出过一个简洁的新媒体定义："新媒体就是网络媒体。"后来在1998年联合国新闻委员会年会上，联合国秘书长安南提出了"第四媒体"概念，他呼吁在加强传统的文字和声像传播手段的同时，应利用最先进的第四媒体——因特网，以加强新闻传播工作。我们将这种定义视为新媒体概念沿革第一阶段。在此之前提出的新媒体概念，是新旧之"新"，是一种修辞学上的表述，因而不能被看作严谨的概念。例如麦克卢汉提出的新媒体概念，有人认为卡拉OK、电脑光盘杂志、电子传单、挂历等都是新媒体。

（二）博客：从组织生产到用户生产

从1998年的德拉吉报道（Drudge Report）率先挖掘克林顿与莱温斯基的性丑闻开始，博客开始崭露头角，到2003年的伊拉克战争时则充分显示了自身的自媒体特性。博客滥觞于1993年，到1999年定名为BLOG，典型的代表是德国德拉吉报道。它打破了大众传媒对于媒介内容的垄断，使得用户可以自行生成内容，而不再完全依赖媒介组织生产的内容。同时，大众化的信息传播被个性化的信息传播取代，用户在使用这一媒体的过程中获得了更多的自主性与能动性。此外，博客使得用户可以方便地与传统媒体以及其他用户进行互动，传统的单向传播模式被打破。可以说，正是博客的出现，实现了由Web1.0向Web2.0的转变，使传统的"人机对话"模式向"人人对话"模式转变。

熊澄宇和廖毅文在2003年提出，所谓新传媒，或称数字媒体、网络媒体，是建立在计算机信息处理技术和互联网基础之上，发挥传播功能的媒介总和。它除了具有报纸、电视、电台等传统媒体的功能外，还具有交互、即时、延展和融合的新特征。他们在这里提到的新媒体指的便是博客。从这个定义开始，新媒体概念沿革迎来以博客为代表的第二个阶段。这一阶段的新媒体概念开始强调新媒体的自主性、互动性与个性化特征。网络媒体只是将传统媒体的内容照搬到互联网上，而以博客为代表的新媒体真正实现了媒体形式的变革。

（三）手机：从时空固定到无处不在、无时不有

在手机媒体出现以前，用户只能在固定的时间与地点接入互联网，进行信息的传递与接收，传播活动被限制在固定的PC终端。手机媒体将人们从这一桎梏中解放出来，它使得传播活动的参与者不再局限于狭小的时间、空间范围，传播活动变得无处不在、无时不有。同时，作为信息的接收与发布平台，手机整合了报刊、广播、电视、互联网等媒体的传播特点与传播属性，通过多种媒体表现手段传播信息，是真正意义上的全媒体。此外，手机媒体具有其他所有媒体望尘莫及的便捷性与交互性，随身携带与使用便利的特点，使

得媒体用户可以"永远在线，随时互联"。

早在 2003 年，熊澄宇便指出新媒体不仅是互联网，手机已开始从个人通信工具向媒体终端过渡。冯光华和后天也提出过类似的观点。但在那个时代背景下他们所说的手机新媒体，主要是指手机短信，而手机短信虽然改变了传统的信息接收方式，但由于媒体表现形式过于单一（文本和图片）而不能被看作严格意义上的新媒体。相较而言，廖祥忠的观点更准确，他指出"新媒体"是"以数字媒体为核心的新媒体"——通过数字化交互性的固定或移动的多媒体终端向用户提供信息和服务的传播形态。至此，新媒体的概念沿革进入第三阶段——以手机为代表的移动新媒体。

长期以来，人们对于新媒体的概念缺乏一个统一的认识，可能的原因是技术的进步带来了媒介形态的不断变化，进而带来媒介概念的变迁。同时，新媒体研究是一个新兴领域，以往在传统媒体基础上发展起来的传播理论与媒介理论不再完全适用，需要根据媒介形态的变化做出相应的调整。但是，我们必须认识到技术因素在新媒体概念变迁中的作用。随着网络技术、数字技术、移动通信技术的发展，尼古拉斯·尼葛洛庞帝提出的"个人报纸"与"互动的新媒体"等概念已经成为现实。而媒介技术的发展并不会就此停滞，它将继续向前，将社会推向远方。新媒体确实是一个时间的概念，它存在于过去，也存在于现在和未来。未来的新媒体会呈现出一幅怎样的景象？莱文森在其"媒介进化理论"中给我们提供了某些指示：媒介将朝着更加人性化、更加完善化的方向发展。新媒体仍在发展，朝着更高的阶段进化。

第二节　新媒体的基本特征

关于新媒体的基本特征，有海量信息、超时空、全球化、分众化、个性化、多媒体性、交互性、即时性、综合性、开放性、平台性、低成本、检索便捷、虚拟性、延展性和融合性等各种各样的说法，它们都从不同的侧面揭示了新媒体的特性。与报刊、广播和电视等传统媒体相比，新媒体的基本特征主要表现为海量性、交互性、即时性和多媒体性。

一、海量性

在传统媒体时代，报刊的版面无论有多少、广播和电视的时长无论有多长，它们的信息储存与容量都是有限的。到了新媒体时代，这种状况才得到根本性的改变。新媒体借助网络传播技术、数字技术和移动通信技术，通过国际互联网向全球用户提供海量信息。

这种"海量信息"不仅数量众多、内容丰富，甚至包罗万象、无所不有，而且它们不受时间、数量和传播途径的限制，可以随时随地在互联网上进行传播与流动，之前的任何一种传统媒体都无法实现。这些海量信息，既来自对人类既有知识的积淀与总结，又来自全球新媒体用户在互联网上的创造；这些新媒体用户借助各种固定终端和移动终端，通过互联网实现对这些海量信息的共享，并由此带来工作、生活的等领域发生改变。对此，中央电视台制作、播出的大型电视纪录片《互联网时代》有这样的表述："一家微博网站一天内发布的信息，就超越了《纽约时报》辛勤工作的 60 年；全球最大的视频网站，一天上传的影像，可以连续播放 98 年；如今两天积累的信息总和，就相当于人类历史留下的全部记忆。伴随着海量信息几乎无成本在全球流淌，伴随着人与人、人与物、物与物之间囊括一切的连接，人们有理由预见，财富、生活、交往、创造、观念，立体的又一轮激烈变革，就在眼前。"

二、交互性

交互性，是新媒体区别于传统媒体最重要，也是最本质的特征。在传统媒体时代，媒体机构与受众之间的关系是不平等的，即媒体机构负责传播，受众被动接受；前者主动，后者被动；传播模式为从传者到受众的单向传播。这种状况在新媒体时代得到彻底改变：受众（姑且称为"受众"，实际上在新媒体时代是没有严格意义上的"受众"）由单一的受众身份变而为多元的参众、网众和用户身份；受众角色由被动而变为主动；传播模式由"从传者到受众"的单向传播而变为"传者与受众"双向互动传播。具体地说，一是受众的身份与角色彻底改变，从被动身份到主动角色。传统媒体时代的受众，在传播过程中处于弱势地位，其身份是被动的接受者，面对媒体机构的强势作为，往往敢怒而不敢言。新媒体使受众的身份发生改变——由受众到参众、网众和用户，无论是参众、网众，还是用户，都强调的是受众的主动介入、积极参与；受众身份的改变使其在新媒体使用过程中扮演角色随之发生改变——由单一的被动接受者到多元的主动参与者，或者将二者融为一体，既是信息的接受者，又是信息的传播者。二是彻底改变了传播者与受众之间的不平等地位。过去的时代，媒体机构作为传播者，由其传播主导地位决定，对传播哪些内容，选择何种传播方式，一般不顾及或者完全忽视受众的需要与感受，往往居高临下，进行信息的编辑与传播；受众由于接收信息的渠道有限和自身的弱势地位，不得不选择沉默或者被动接收。

而在新媒体时代，参众、网众和用户的地位空前提升，他们不再是被动接受者和沉默一族，而是选择积极参与、主动介入，对传播机构的强势做派选择"用脚"投票的方式加以否决，于是在与后者的博弈中彻底改变了之前的不平等地位。三是彻底改变了"由传播者到受众"的单向传播模式，而变为"传者与受众之间双向互动式"的传播模式。在新媒体传播过程中，传播者与受众之间的角色常常发生变化：在一次传播活动中，受者 A 可能是被动的接受者，是受众身份，但当他将这则信息转发出去，他就变成主动传播者 A，具有了传播者身份；在这种不断的接收再转发、转发再接收的过程中，传播者、受众的身份也不断地随之发生改变。因此，可以说交互性是新媒体最本质的特征。

三、即时性

传统的报刊、广播、电视在新闻报道上是讲求时效性的，但是受技术和生产流程的制约与影响，新闻从采编到刊播出来之间总会有一个时间过程。报纸媒体今天采写的新闻，最快也要明天才能见报，期刊媒体的时间周期更长；广播、电视媒体今天上午采编的新闻至少要到今天中午或者下午才能播出（当然，现场直播除外）。新媒体不仅追求实效性，更把这种实效性推向极致——讲究传播的即时性。一方面，网络技术、数字技术、移动通信技术为人们应用 QQ、MSN、博客、播客、微博、微信等新媒体形式消除了技术障碍，使人们可以借助这些新媒体形态进行即时传播、即时交流，诸如在线交流思想的点滴体会、行动的些微收获和片刻的心理变化等；另一方面，人们在现实生活中目击的新闻事件、拍摄的新闻图片、采写的现场短新闻等，则可以通过微博、微信等上传网络，成为新媒体的即时报道，并不断丰富新媒体的报道内容。因此，新媒体具有即时性的特征。正如陈力丹所说，新媒体对传播实效的不断追求，也使得人们的交往模式向即时在线转变。微博的简洁、手机的及时和便携，加上无线上网技术的成熟，使得人们可以随时随地进入网络获取信息并发布信息。但也正是因为网络的全方位覆盖，使得社会交往的速度越来越快，很多时候都要求人们及时甚至即时做出回应。新媒体所带来的这种全天候信息传播方式，使得人们的零碎时间被最大限度地整合，新媒体不断渗入个人生活的方方面面，最大限度地侵袭着人们的时间，使社会交往时刻处于即时在线的紧迫感中。

四、多媒体性

报刊、广播、电视等传统媒体的表达形态比较单一：报刊是平面媒体，表达形态以文字、图像为主；广播是声音媒体，表达形态以声音为主；电视是声画媒体，表达形态以声音、画面为主。新媒体运用数字技术，在媒体表达形态上突破传统的报刊、广播、电视的种种限制，将文字、图像、音频、视频和动画等多种媒体形态整合在一起传递信息，实现信息的多媒体传播或者全媒体传播。当然，新媒体要实现多媒体传播，离不开超文本计算机技术。多媒体超文本是一种按照信息之间关系非线性地存储、组织、管理和浏览信息的计算机技术。王长潇在《新媒体论纲》一书中说："它（多媒体超文本）是指通过超链接，在各种信息之间建立联系，对超链接图标做微小的一次键击，受众就可以通过几乎无处不在的横向链接（树形分支检索）或者纵向链接（导航）离开一个新闻网站而进入另外一个新闻网站。多媒体超文本链接改变了传统媒体的信息传播方式，使新闻网站的信息结构呈现非线性的特征，这种非线性可以使网络新闻在时间上无限延续，在空间上无限拓展，在保留旧有信息的前提下随时随地增添新的内容，进而实现以视频、音频、文字、动画、游戏、论坛的形式多角度地向人们传播新闻事件。"换言之，新媒体借助数字技术和超文本的非线性信息组织方式，实现传统的报刊、广播、电视等多种媒体形式的互相融合，使新呈现的媒体形态，既可以是"可看"的文字、图像，又可以是"可听"的音频，还可以是"可观"的视频、动画。

第三节　新媒体的受众

受众是互联网这一新媒体形态未出现前，传播理论中对于信息接收方的总称，报纸的受众称为读者，电视的受众称为观众，广播的受众称为听众，传播效果研究是大众传播理论中研究成果最为丰富的部分，而传播效果能否实现取决于受众的反应和行为，受众是决定传播效果和传播活动成败的关键。

受众是社会上的普通大众，具有规模巨大；地理位置分散，彼此异质，分散于社会各个阶层；没有组织结构化，其行为易受外在力量的影响；以及成员之间不熟悉，身份不确定等特点。

一、精英与大众

早期精英主义的观点认为，受众都是群氓，属于乌合之众。因为其无知而缺乏理性，无视法律，品位和兴趣低级，常常受暗示以及感染等群体支配机制影响。大众传播以及工业革命生成了缺乏历史担当和义务精神的平庸大众，大众所消费的大众文化是低级和庸俗的，大众文化冲击精英文化，大众的崛起将挑战并压迫富有创造力、具备理性意识的少数社会精英，导致道德水准的下降和国家的衰败。在英国学者马修·阿诺德（Matthew Arnold）看来，文化是精英的专利，大众文化是精英文化的死敌。

第二次世界大战期间，德国学者深刻反思法西斯统治，试图回应社会失调和解释法西斯体制出现的社会原因，认为自由放任与无计划原则之间冲突，造成文化危机。大众传播为精英阶层提供了控制和操纵大众的手段，例如法西斯对于民众的宣传动员和煽动，使得大众成为其理念的狂热支持者。大众文化对于精英文化取而代之，在社会中占据主导地位。

第二次世界大战结束后，西方许多学者重新认识大众，威廉·孔豪瑟（William Komhauser）认为，精英与大众的影响是相互的，大众容易受到精英的操纵，而精英又容易受到大众的压力。文化工业日益发达，大众传媒业大量供给娱乐产品和信息产品，塑造了大众文化的同质性。美国社会学家赖特·米尔斯（Wright Mills）在《权力精英》中，分析美国社会的权力结构及权力运作逻辑，指出美国并不自由民主，是军事首脑、公司富豪等权力精英而不是普通大众在治理美国，精英与大众两极深刻分裂，彼此之间矛盾重重，导致美国社会各类失调现象出现。

上述诸理论无视受众作为信息生产者和受众的主体地位，单一而片面地看待受众。对于大众的认识，大众社会理论常常持精英主义的立场，将精英与大众对立，认为大众是弱小无力、分散的原子，受众是被动的存在，只会接受精英的影响。从报纸、广播、电视等大众传播媒介传播过程的单向性和社会功能而言，受众之于制度化的传播机构，相对处于弱势地位。而互联网以及移动互联网的兴盛，新媒体的崛起，彻底改变了受众的弱势地位。

二、受众的权利和媒介的权利

受众可以是社会群体的成员，也可以是商业经济中的目标市场，就传播过程而言，传播者与受者是信息传送链条的两端，就文化工业而言，传媒与受众更像是"卖方"和"买方"，收视率、发行量、收听率等指标是衡量传媒机构节目制作成功与否的唯一标准，传播的社会效益和社会功能被无视。受众既是文化工业的消费者，也是信息传输进程中享有权利的主体。受众权利通常包含而不局限于以下权利，即传播权、知情权、大众媒介接近权。

大众媒介接近权，顾名思义是指社会成员均具有接近媒介、使用媒介自由发表言论的权利。媒体是社会公器，受众传媒接近权的实现需要物质基础，这在传统大众传播体系里很难实现，而网络传播重构了传播生态，受众可以自由地通过智能终端阐述观点、发表意见、说明看法。

网络传播促进了传媒接近权的实现，提高了传受双方互动的效率，人际传播是真正的多媒体传播，而网络传播具有类人际传播特点，除了借助各类多媒体符号以外，能够真正实现信息的即时反馈，在物理条件上实现了反馈的技术基础。传媒接近权暗示受众不是被动而是主动地选择信息，在网络传播空间中，受众自发自觉地参与事实真相的发掘和评论，对传播机构客观上产生了制约。信息源不限于传播机构，信息源的多元建构有利于民主制度的实现。

新媒体突破了传播机构对于信息生产的特权，或者说突破了传播机构的话语霸权，新媒体准入门槛不高，不需要受众有很高的文化素养，即使受众不识字，依然能够拍照发朋友圈，并不妨碍受众自由地表达思想感情。传统传播理论认为，信息生产过程中会进行把关，而把关的原则之一是符合传媒机构的利益，在这种情况下，很有可能使得符合传媒机构利益而违背公众利益的信息得以表达。

我国属于大陆法系，在现行法规中，关于媒介权利并无明确的规定，受众权利与媒介权利相互关联，媒介权利许多是从受众权利中衍生而来。1951 年，国际新闻学会提出了自由采访、自由通信、自由出版报纸和自由批评等标准，用以作为评价新闻自由的准则。

首先是自由采访，由此引申为采访权。该权利意味着新闻记者有权利对所发生的任何新闻事件进行采访和发掘事实真相。政府机构以及企事业单位或者个体，应对新闻记者的采访活动给予便利。新闻记者的采编等正常业务工作，不应当受到干扰。这一权利其实来源于受众权利中的言论自由权和知情权，专业的大众媒介和新闻记者可以作为民众的代表，发掘事实真相。采访权利是记者开展各项新闻活动的基础。在新闻业务的实际开展中，这项权利常常被侵犯，出现组织机构不接受记者采访或者不愿意面对大众的情况。

其次是自由通信，引申为自由通信权，即无论新闻事件发生在国内外，记者有权将采访所形成的新闻优先传送至所属新闻单位，如果传递受阻，应视为对此项权利的侵犯。该项权利可以从我国宪法规定的公民享有批评建议权、人身安全保障权推导。

最后是自由出版报纸和自由批评，可以衍生为舆论监督权。舆论监督是民众参与政治生活的形式之一。舆论监督的主要对象应以公共权力为主，以国家各层级的权力机构和公务员以及与公共事务和公共服务相关的人和事为监督对象。舆论监督可以从以下层面入手，对国家决策进行报道和评论；对国家各级公务员的工作进行报道和评论；对一切违法违纪的人和事进行报道和批评。如《南方周末》的批评报道，以及央视《每周质量报道》栏目，都取得了较好的效果。记者在运用此项权利时，需要慎重，多方核实信息，保证新闻报道的真实性。记者进行新闻调查、展开正常范围的业务工作、实施舆论监督权利时，常是单兵作战，很容易受到阻挠，有时甚至受到人身安全威胁。而作为个体的记者所享有的人身安全权既是宪法所赋予的一般公民权利，也是作为新闻单位工作人员的基本权利，是法律舆论监督权实现的保障。

新媒体带来传受双方权力关系的重构，一方面，之前被传播机构忽视或无视的社会现实或信息内容在网络上获得关注，另一方面，汹涌的网络舆情对政府和媒介权力实施了舆论监督。对媒介权力的监督不可能只依赖媒介的自律，必须突破媒介机构的话语特权。网络舆论力量通过众多网络事件得到彰显，网络舆情甚至可使事件进展出现反转。互联网的开放和包容推动了网络舆情和网络监督的发展。网络跟帖、评论、转发多数是普通人有感而发，率性而为，对网络舆情的观察、监测和趋势预判日益受到重视。

三、使用满足理论

受到行为主义思潮的影响，早期魔弹论将信息视为刺激因素，受众就是靶子，接触到信息的魔弹后，应声而倒，受众被信息驱动，对信息毫无辨别和防御能力，单向度地接受信息洪流的冲击。由此认为大众传播具有强大的效果，这一理论完全无视受众的自主性和能动性，也符合在客观现实条件下，受众对于信息的选择性接受、选择性理解和选择性记忆过程。

对受众的重视，以使用和满足理论为代表，该理论重视受众的传媒接触动机和使用形态，重视受众对于媒介选择和使用的心理研究，认为受众使用媒介是有主体意识的过程，是为了达到自我满足。广播媒介的使用基于获取知识、自我评价的需求；印刷媒介的使用基于获得社会威信、维持社交、获取外界消息、闲暇休息等需求；电视媒介的使用基于情绪转换效能、人际关系效能、自我确认效能以及对周边环境监测的效能。伊莱休·卡茨（Elihu Katz）提出使用满足理论的基本模型，认为社会因素和心理因素促成受众的媒介期待，进而接触媒介，借此满足信息需求。这一理论以受众为导向，视满足信息需求为测量大众传播效果的标准，明确了信息需求对传播效果的约束功能，纠正了既往精英立场所持的"受众是被动的存在"这一观念的偏差。尽管使用满足理论重视受众，否定了魔弹论，但将受众的自主能动过程局限于对于媒介信息的选择范畴，未能充分体现受众作为传播权利的主体所具有的能动性。

四、受众到用户的转变

新媒体将改变一切，不管精英阶层是否愿意，它将消灭一种文化，创造另一种文化。受众到用户的概念转变，以及社会、学界、业界对于受众认识的转变是新文化的表征。网络用户获取信息的方式为用户自主地从互联网中获取信息，对于内容的浏览和接受存在显著的能动特点，完全不同于既往大众传播媒介所采取的信息推送方式。互联网创造了互动的场景，人人都是信息的生产者和接受者。信息传播的方向由单向传播变成交互传播，由一对多的传播变成多对多、一对一以及一对多的网状传播，从根本上改变了受众被动接受信息的地位。

在新媒体环境下，用户需求直接作用于内容生产和媒介机构行为。社交媒体重视用户，以顾客满意战略为企业营销战略首选，强化用户的社交关系链，增强用户黏性和依赖感，提高用户让渡价值，加强媒体的社交属性以保留用户。例如微信支付为切入移动支付市场，与支付宝竞争，推出微信红包，找到了切入点。红包加强了人群的社交联系，微信支付线下高频交易支付，是支付宝的有力竞争者。该产品基于人的社交需求而带动移动支付需求，重视支付的便利性，深入农村市场，如今在田间地头、街头巷尾，买菜、买早点，微信支付应用已十分广泛。

在内容生产领域，用户的介入改变了内容生产进程，如《纸牌屋》的出品方兼播放平台奈飞（Netflix）通过对 3 000 万条用户搜索决定了"拍什么、谁来拍、谁来演、怎么播"。又如近些年数据新闻的崛起，英国《卫报》的大选报道，提高了用户参与度，允许用户对政党政策进行条件查询，自行做出投票选择。而我国国内各大门户网站也纷纷推出数据新闻相关板块，如网易的新闻数读，新浪的图解天下，搜狐的数字之道，人民网的图解新闻。"大数据"就是数据科学（Data Science）的一个高阶状态，数据新闻以数据挖掘为基础，要求数据以可视方式呈现，并且用多种手段表现内容，以增加信息价值，记者更好地讲故事，用户更容易理解。其生产和运作均以用户需求为中心，用户数据决定新闻热度和排序，依据用户点击热度、转发量、评论量决定新闻版位和主次排序以至于重构新闻生产过程，数据新闻改变了讲述新闻故事的方式，增强产品与用户的交互性，改善用户体验，提高用户的满意度。新媒体只是工具，数据只是方法，用户的信息需求不变，数据可以让用户搜索更多的信息，允许用户确认记者工作的有效性，数据可以让更多的组织参与到后续的故事和行动中，数据新闻只是讲故事的一种手段，吸引用户阅读故事。数据新闻的崛起是由用户构成的市场倒逼传媒机构再造新闻生产和编辑的过程。

人类社会已经历了农业社会和工业社会，现在正在迈入信息社会。信息与物质和能量三者是社会运行的基本元素。人们越来越多地借助媒介相互沟通和交流，以至于没有媒介，人们就没办法去理解任何事物。在信息社会，信息获取和生产相对容易，使得信息空前丰裕。然而，信息丰裕也带来信息爆炸和信息过载的问题，传播科技革命造成信息总量大大增加，在无限的信息和有限的信息处理能力之间，人们陷入信息无序泛滥的包围和压迫之中。各类完全出于传播者利益的垃圾邮件、广告邮件不仅造成社会资源的浪费，也对用户造成困扰。在新媒体环境下，受众表现得更有主观能动性，称谓转变为用户，但信息的丰裕并不意味着用户有行为决策的更大自由，反而面临信息过载的难题。

第四节　新媒体的表现形态

在不同的历史发展时期，新媒体表现形态是不同的。Web1.0时代由网站雇员主导生成内容，网络用户主要通过浏览器在搜索引擎、门户网站上获取信息，是信息的消费者。Web2.0时代由网络用户主导而生成内容，他们由信息接受者变为信息制造者和传播者，主要通过社交网络服务（SNS）、博客（BLOG）、简易信息聚合（RSS）、对等网络（P2P）、即时通信（IM）等进行信息的生产与传播，更强调建立以兴趣为聚合点的社群，并进行信息聚合，在开放的平台上与其他用户分享信息。"如果说Web1.0是下载、浏览、搜寻，那么Web2.0就是上传、分享与创建交互。"3G、4G和移动互联网（Mobile Internet，MI）时代将移动通信和互联网结合在一起，它采用移动通信技术，通过智能移动终端，向人们提供信息和服务，进而搭建起便捷的社会交往平台和媒体融合平台，甚至人们生活和工作的平台。按照新媒体运用技术的不同，新媒体可分为网络媒体形态、数字媒体形态、移动通信媒体形态，同时，自媒体形态是新媒体区别于传统媒体的重要媒体形态，因而作为新媒体形态单独列出。

一、网络媒体形态

网络，即互联网，全称是国际互联网（Internet）。网络媒体是继报刊、广播和电视之后最早出现的新媒体形态，因而被称为"第四媒体"。关于网络媒体的定义有很多，雷跃捷等的定义最简洁明了：网络媒体是借助国际互联网这个信息传播平台，以电脑、电视机以及移动电话等为终端，以文字、声音、图像等形式来传播新闻信息的一种数字化、多媒体的传播媒介。网络媒体形态包括搜索引擎、门户网站、垂直网站、新闻网站、视频网站、社交网站等。

（一）搜索引擎

搜索引擎（Search Engine），是在互联网上专门为用户提供信息检索服务的网络系统。它是按照一定的计算机程序在网络上搜寻信息，并依据特定的规则对这些信息进行加工处理，然后向用户提供信息搜寻与检索服务。目前国内外著名的搜索引擎有谷歌（Google）、百度（Badu）、搜狗（Sogou）、360 搜索、雅虎搜索（Yahoo！）等。搜索引擎的类型主要有目录式搜索引擎、全文搜索引擎、元搜索引擎、垂直搜索引擎等。

1. 目录式搜索引擎

它的工作原理是依据人工目录，按类搜索信息。搜索引擎首先提供一份由人工按照类别编排的网站目录列表，再在网站目录下细分出具体内容的子目录，子目录资料库保存着各网站的站名、网址和内容提要等，网络用户则按照这类子目录搜索相关的信息，雅虎、搜狐即属此类搜索引擎。

2. 全文搜索引擎

与目录式搜索引擎不同，全文搜索引擎是全文扫描，建立索引，并按照索引查找，即借助计算机索引程序，对文章中的每个词进行扫描，确定其出现的次数与位置，并建立相应的索引；当用户搜索该文时，该检索程序就会依据先前建立的索引进行搜索，并将搜索结果反馈给用户。百度、谷歌为全文搜索引擎的代表。

3. 元搜索引擎

它的工作原理是一个用户界面，多个搜索引擎。即将用户的查找请求发送到多个搜索引擎之上进行信息检索，再用同一界面将搜索结果提供给用户。元搜索引擎没有自己的独立数据库，而是调用多个搜索引擎的搜索结果，以统一的格式在同一界面上集中显示。元搜索引擎由于处于多个搜索引擎之上，借助分布于网络的多种检索工具进行全局控制，所以又被称为"搜索引擎的搜索引擎"。国内著名的元搜索引擎有搜魅网（Somet）、Baigoogledu 等。

4. 垂直搜索引擎

它是针对某一特定行业的专业搜索引擎，是全文搜索引擎的细分和延伸，具有"专、精、深"的特点。它的工作原理是用网络蜘蛛在互联网上不断搜集页面，再"按照对象不同，对搜集到的网页所包含的信息进行区分，然后分门别类地将内容信息集成到对象信息库中。在网络抓取、对象分类和内容集成之后，垂直搜索引擎就可以利用这些结构化的对象信息为用户的特定需求提供全面、专业、有深度的服务。

（二）门户网站

门户（Portal），原意为入口、正门，现在多指互联网上的门户网站和企业应用系统的门户系统。门户网站（Portal Web，Directindustry Web），由英文的"Portalsite"翻译而来，属于 ICP（Internet Conetnt Provider，网络内容提供商）的一种，指的是将互联网上浩繁多样的信息按照一定的规则进行整理、分类以后提供给搜索引擎，以便用户能够快速找到所需信息的网站。门户网站最初提供的是搜索服务和目录服务，随着互联网的发展和竞争的加剧，门户网站也迅速地拓展各种新的业务类型以吸引和留住互联网用户，从新闻信息、娱乐资讯到搜索引擎、电子邮箱、增值服务，门户网站的业务包罗万象、应有尽有，因而有"网络超市""网络世界的'百货商场'"之称。根据门户网站主要服务对象的地域特征，可以分为综合门户网站和地方门户网站。综合门户网站面向的是全国乃至全球范围内的互联网用户，以提供综合型的新闻信息、娱乐资讯为主，也提供搜索引擎、网络邮箱、在线游戏、移动增值等其他产品，拥有庞大的用户群体和较高的流量来源，影响力比较广泛。目前，综合门户网站明显存在着盈利模式比较单一、同质化竞争严重等问题。随着互联网个性化风潮的来临，综合门户网站还需要进一步在分析用户需求的基础上，不断创新产品和服务，打造个性化、独特性的品牌风格，才能建立利润屏障，获得行业竞争优势。地方门户网站指的是通向地方综合性互联网信息资源并提供信息服务的地方综合网站系统。它最基本的特征是具有强烈的地方属性，以服务于当地互联网用户为宗旨，主要为当地用户提供地方的新闻资讯、房产信息、招聘求职、商场促销、旅游招商、文化历史等特色信息。这些信息一般都是跟当地用户的生活息息相关，具有针对性、实用性和互动性。该类网站既包括综合门户网站与各地媒体合作成立的地方门户网站，诸如大楚网、大湘网、大粤网等，也有红网、芜湖民生网、武汉门户网等本土原生型网站。

国内外比较著名的综合型门户网站有雅虎、AOL、MSN、腾讯、新浪、网易和搜狐。

1. 雅虎

雅虎（Yahoo）是美国著名的互联网门户网站，也是一家全球性的因特网通信、商贸及媒体公司，由美籍华人杨致远（Jerry Yang）和大卫·费罗（Davicl Filo）于1994年4月在美国创立。Yahoo的名称来源于乔纳森·斯威夫特（Jonathan Swift）的小说《格列佛游记》。在小说里，Yahoo指一种粗俗、低级的人形动物，它具有人的种种恶习，无论外表，还是其行为举止都非常令人讨厌。杨致远和大卫·费罗"反其意而用之"，于是就有了"Yahoo！"。1995年4月12日，雅虎公司正式在华尔街上市，其服务包括搜索引擎、电子邮箱、新闻等，业务遍及全球24个国家和地区，是全世界网络流量最大的网站，也是最早的门户网站，为超过5亿的用户提供多元化的网络服务。后来的大部分门户网站都是参照它的模式建立和经营的。

2. 腾讯

腾讯（Tencent）公司的全称为"腾讯控股有限公司"，是马化腾与大学同学张志东于1998年11月在广东省深圳市注册成立的，其主要任务是拓展无线网络寻呼业务，为寻呼台建立网上寻呼系统。腾讯公司以即时通信工具QQ为其产品核心，附带游戏平台QQ游戏、门户网站腾讯网、交易平台拍拍网等产品。其主要产品腾讯QQ在中国年轻人中有较大影响。其门户网站腾讯网为中国四大门户网站之一。腾讯公司一直秉承"一切以用户价值为依归"的经营理念，始终处于稳健、高速发展之中。2004年6月16日，腾讯公司在香港联交所主板公开上市。公司成立20年来，腾讯已发展成为中国服务用户最多的互联网企业，也是中国最大的互联网综合服务提供商。2013年，腾讯品牌价值超过脸书（Facebook，第31名），在"Brandz全球最具价值品牌百强榜"排名第21名。2014年6月12日，腾讯宣布与加多宝成为战略合作伙伴；6月27日，腾讯入股58同城，获得

19.9% 的股份。到 2014 年 11 月，它已成为中国进入全球互联网公司十强的四家企业之一，其余三家互联网企业是阿里巴巴、百度和京东。

3. 新浪

新浪（Sina）公司是一家服务于中国及全球华人社群的网络媒体公司，是中国四大门户网站之一，由四通利方公司和华渊资讯网于 1998 年 11 月 30 日合并而成。Sina 一词源于拉丁文 Sino。在拉丁语系中，Sino 是"中国"的意思，而在古印度语中，Cina 是"中国"之意，这样，Sino 与 Cina 二者融合，即 Sina，意为"中国"。Sina 的中文名称"新浪"是由其首任总裁王志东所起，这个域名很好地表达了新浪网希望成为中华区最大门户网站的决心。新浪的公司口号是"一切由你开始"。它通过门户网站新浪网、移动门户手机新浪网和社交网络服务及服务新浪微博组成的数字媒体网络，帮助广大用户通过互联网和移动设备获得专业媒体和用户自生成的多媒体内容（UGC）并与友人进行兴趣分享。2000 年 4 月，新浪在纳斯达克股票市场正式挂牌交易。2012 年 11 月，新浪微博注册用户突破 4 亿。2013 年 4 月 28 日，新浪微博迎来最大战略投资者阿里巴巴，双方签署战略合作协议，阿里巴巴将斥资 5.86 亿美元购入新浪微博发行的优先股和普通股，占微博公司全稀释摊薄后总股份的约 18%。2014 年 3 月，新浪微博正式更名为微博。2014 年 4 月微博在纳斯达克证券交易所上市。

4. 网易

网易（NetEase）公司的全称是广州网易计算机系统有限公司，是中国四大门户网站之一。由丁磊于 1997 年 6 月在广东省广州市创立，正式推出全中文搜索引擎服务。2000 年 6 月，网易公司在纳斯达克证券交易所上市。网易是中国领先的互联网技术公司，利用最先进的互联网技术，加强人与人之间信息的交流和共享，实现"网聚人的力量"的公司口号和目标。在开发互联网应用、服务及其他技术方面，网易始终保持业界的领先地位，并在中国互联网行业内率先推出了包括中文全文检索、全中文大容量免费邮件系统、无限容量免费网络相册、免费电子贺卡站、网上虚拟社区、网上拍卖平台、24 小时客户服务中心在内的业内领先产品或服务，还通过自主研发推出了一款率先取得白金地位的国产网络游戏。网易公司推出了门户网站、在线游戏、电子邮箱、在线教育、电子商务、在线音乐、网易等多种服务。

5. 搜狐

搜狐（Sohu）公司是中国四大门户网站之一，是中国领先的新媒体、通信及移动增值服务公司，是中文世界最强劲的互联网品牌，由留美博士张朝阳创办。1996 年 8 月，从美国麻省理工学院毕业回到中国的张朝阳博士，利用风险投资创建了"爱特信信息技术有限公司"。1998 年 2 月，爱特信正式推出搜狐网，中国首家大型分类查询搜索引擎横空出世，"出门靠地图，上网找搜狐"成为当年的时尚流行语。2000 年 7 月，搜狐在纳斯达克证券交易所上市。目前搜狐已发展成为富有影响力与公信力的新闻中心、联动娱乐市场，跨界经营的娱乐中心、深受体育迷欢迎的体育中心、引领潮流的时尚文化中心。同时，搜狐以雄厚的实力，着重突出四大专业频道——汽车、房产、财经和 IT，全方位多维度打造实力媒体平台。

（三）垂直网站

垂直网站（Vertical Website），也被称为专业化网站，是指针对某一特定领域、群体或某些特殊需求而提供与之相关的深度信息和服务的网站。与大而全的综合性网站不同的是，垂直网站的定位非常清晰，它力求提供某个领域内最全面、丰富的信息和最专业的服务，针对性强、专业化程度高和服务的深度性是其最显著的特点。

目前国内的垂直网站用户覆盖数比较多的主要有博客类（如新浪博客、博客中国、网易博客等）、在线视频类网站（如优酷网、土豆网、爱奇艺、腾讯视频等）、行业新闻类网站（如虎嗅网、36 氪等互联网新闻网站，虎扑之类的体育新闻网站）、分类网站（如 58 同城、赶集网）、房产网站（如搜房网）、汽车网站（如易车网）等。随着中国网民成熟度的提升，分众化趋势开始日益明朗，网民对垂直信息和服务的需求呈现出比较乐观的发展趋势。因此，对垂直网站而言，探索适合自身的盈利模式和经营策略便更显得十分重要。

（四）新闻网站

新闻网站是根据国务院新闻办公室、信息产业部（现工业和信息化部）在 2000 年 11 月联合颁布的《互联网站从事登载新闻业务管理暂行规定》第五条，在中央新闻单位、中央国家机关各部门新闻单位以及省、自治区、直辖市和省、自治区人民政府所在地的市直属新闻单位依法建立的、以登载新闻业务为主要生存手段的互联网站。我国新闻网站按照三级布局：中央级的国家重点新闻网站、省级的地方新闻网站和依托传统媒体建设的大型新闻网站。按照有关规定，国家大型新闻门户网站，如新华、人民网、中国网等政府网站的后缀为".gov"；中国网站的后缀为".cn"；商业门户网站，如网易、新浪等商业网站的后缀为".com"。此外，还有长江网、大江网、大洋网等地方新闻门户网站和中国化工网等各种行业门户网站。

（五）视频网站

视频网站是以视频作为技术平台和经营平台的网络媒体，它让互联网用户在线发布、浏览和分享视频作品。在我国，要开办和经营视频网站，必须取得国家新闻出版广电总局颁发的《信息网络传播视听节目许可证》，即获得互联网视频牌照。知名的视频网站有以"快者为王"为产品理念、已发展成为中国网络视频行业的第一品牌的优酷网；2005 年 4月开始运营、在中国领先的视频分享网站——土豆网；国内最早购买影视剧版权的视频网站的乐视网；坚持"悦享品质"公司理念、以"用户体验"为生命的爱奇艺；中国最具行业领导地位的视频网站之一、开创差异化视频营销模式的酷 6 网；定位于中国最大在线视频媒体平台的腾讯视频；从搜狐宽频（2004 年）到搜狐播客（2006 年）再到"高清影视剧"频道（2009 年）的搜狐视频；支持对海量高清影视内容的"直播＋点播"功能的 PPTV；全球第一家集 P2P 直播、点播于一身的 PPS（全称 PPStream）；世界上最大视频分享网站的优兔（YouTube）；2011 年 2 月百度最新推出的一款全新体验的播放器产品——百度影音。近年来，无论是 P2P 直播网站、BT 下载网站，还是视频播放网站，抑或是视频点播网站，都将自己争夺的重点放在影视点播上，这种现象值得关注。在盈利模式上，有些视频网站通过让广告商给频道冠名收取费用，另一些以向注册用户提供没有广告的服务借以收取费用，还有一些找到了合作伙伴共同进军电子商务和网络游戏市场。所以，盈利模式不清晰导致我国网络视频市场尽管发展很快，却很少有企业实现盈利。

（六）社交网站

在互联网领域，英文缩写 SNS 有三层含义。其一是指社交网络服务（Social Network Service）这个含义的范畴最广，指的是帮助人们建立社交网络的互联网应用服务；其二是社交网络软件（Social Network Software），指采用 P2P 技术构建社会网络的软件；其三是社交网站（Social Network Site），是用来建立社会关系的网站，即社交网站。虽然三者侧重点有所不同，但这三个词界定的事情都是将人的社会化及社会关系的建立与维系当作核心。

虽然对于 SNS 而言最普遍的定义是社交网络服务（Social Network Service），但是严格来讲，国内的 SNS 指的都是社交网站而非社交网络服务，因此本书所说的 SNS 主要是指社交网站或者社交网（Social Network Site）。社交网站的特点表现为用户具有相同的属性和较高的黏性，成员之间互动频繁，呈现出较高的群组聚合性。

著名传播学者麦克·卢汉认为"媒介即人体的延伸"。SNS 作为一种社交网站，延伸了人类的交往能力和交往范围。SNS 是一种利用互联网实现人与人之间关系的建立和维系的社交平台，是对现实生活中人际交往的虚拟化补充，它不仅能够降低社交成本，而且可以最大限度地帮助用户拓展有价值的人脉资源。

二、数字媒体形态

数字媒体是建立在数字技术基础上的新兴媒体，由此衍生的媒体形态就是数字媒体形态。按照百度百科的解释，数字媒体是指以二进制数的形式记录、处理、传播、获取过程的信息载体，这些载体包括数字化的文字、图形、图像、声音、视频影像和动画等感觉媒体和对这些感觉媒体的编码等，统称为逻辑媒体，以及存储、传输、显示逻辑媒体的实物媒体。但通常意义上所说的数字媒体指感觉媒体。数字媒体形态包括数字广播媒体、数字电视媒体和直播系统等。

（一）数字广播媒体

在数字媒体时代，数字广播媒体拥有主动性、互动性和个性化等新属性，同时具有了高保真、传播内容大、不受时空限制和成本低廉的优势，并且建立在数字技术基础上的数字广播媒体有多种传播形态，具体表现为无线网络广播、卫星广播、手机广播、数字地面广播等。

（二）数字电视媒体

数字电视（Digital Television），也称为数位电视或数码电视，是指从节目的采集、制作、编辑、播出、传输、接收的全过程都采用数字技术的电视系统。数字电视的具体传输过程是，由电视台送出的图像及声音信号，经数字压缩和数字调制后，形成数字电视信号，经过卫星、地面无线广播或有线电缆等方式传送，由数字电视的接收器接收后，通过数字解调和数字视音频解码处理还原出原来的图像及伴音。因为全过程均采用数字技术处理，因此，信号损失小，接收效果好。与模拟电视相比，数字电视具有图像质量高、节目容量大（是模拟电视传输通道节目容量的 10 倍以上）和伴音效果好的特点。数字电视提供的最重要服务是视频点播（VOD），它有效地提高了节目的参与性、互动性和针对性，因此，在可以预见的未来，电视将朝着点播模式的方向发展。此外，数字电视还提供了数据传送、图文广播、上网服务等其他服务，用户能够使用电视进行股票交易、信息查询、网上冲浪等，此举赋予了电视新的用途，扩展了新的功能，把电视由封闭的窗户变成了交流的平台。对于数字电视取代模拟电视带来的好处，赫南·加尔伯瑞曾有精彩的论述："它（数字电视）改变了从摄像机到发射塔各个方面，颠覆了现有的节目制作与发行的基础；它要求建立新的机制以补偿内容提供商和发行商，因为在这样一个世界里，传统的广告可以被选择性地跳过，而轻轻地一按键就可以进行完美的复制与传播；它还要求开发新的工具，能为观众提供在令人眼花缭乱的节目和新业务中快速搜索的导航服务，就像互联网的浏览器帮助我们在互联网上找到我们的路一样。"

（三）IPTV

IPTV（Internet Protocol Television），即交互式网络电视，是一种利用宽带互联网的基础设施，以家用电视机、个人电脑和手机为接收终端，集互联网、多媒体、通信、广播电视及下一代网络等基本技术于一体，借助互联网协议，向家庭和个人用户提供包括数字电视在内的多种交互式服务的新媒体形态，用户在家里可以通过计算机、网络机顶盒＋普通电视机和移动设备（手机、平板等）三种方式享受 IPTV 服务。按照百度百科的说法，从下一代网络（Next Generation Network，NGN 又称为次世代网络）概念与定义来看，IPTV 属语音、数据、视像三重播放业务范畴，是一种宽带网络业务，涉及多媒体、视频业务，它利用各种宽网络基础设施，通过有利于多业务增值的 IP 协议，提供包括视频节目在内的各种数字媒体交互性业务，实现宽带 IP 多媒体信息服务。IPTV 既不同于传统的模拟式有线电视，也不同于经典的数字电视，因为传统的模拟式有线电视和经典的数字电视都具有频分制、定时、单向广播等特点。尽管经典的数字电视相对于模拟电视有许多技术革新，但只是信号形式的改变，没有触及媒体内容的传播方式。相比较而言，IPTV 的最大优势在于它的交互性，而数字电视的最大优点在于图像的高清。

三、移动通信媒体形态

移动通信媒体形态，即手机媒体形态，它是将移动通信与互联网结合在一起的媒体形态，是继报刊、广播、电视和网络媒体之后的"第五媒体"。人类进入智能手机时代以后，手机不仅是用来打电话的通信工具，而且还可以在上面进行阅读、看视频，成为名副其实的媒体形态。

（一）短信、彩信

短信的英文名是 SMS，是 Short Message Service 的缩写，用户通过手机或其他电信终端，直接发送或接收的文字或数字信息。按照设置，用户每次能接收和发送短信的字符数，是 160 个英文字符或数字字符，或者 70 个中文字符。

彩信，即 MMS，是 Multimedia Message Service 的简称，中文名为多媒体信息服务，通常又称为彩信。与短信相比，彩信的特色是应用多媒体功能，传递功能全面的内容和信息，这些信息包括文字、图片、数据、动画、音频和视频等多媒体信息。

（二）手机报纸

手机报纸，又称为手机报，是整合、编辑传统报纸信息，使之变成适合在手机上观看的新闻，再通过基于移动数据业务（General Packet Radio Service，GPRS）等无线网络技术的彩信业务平台，将其发送到用户的手机上，或者用户利用无线应用协议（WAP）连接到网络直接浏览信息的全新传播模式。手机报纸图文并茂，在观感上更加接近传统报纸。手机报的出现不是偶然的。它是科学技术迅猛发展、电信技术突飞猛进、传统媒体应对挑战的产物，是传统媒体和电信媒体联姻的成果。它是传统报业继创办网络版、兴办网站之后，跻身电子媒体的又一举措，是报业开发新媒体的一种特殊方式。

（三）手机期刊

手机期刊，又称为手机电子杂志，是指直接在手机上阅读的多媒体资讯杂志。它突破网络电子杂志的局限，传播内容图文并茂，无须网络，无须下载，直接在手机上阅读，方便快捷。手机期刊具有精准传播（推送）、成本更低、携带方便和环保时尚等特色。

（四）手机图书

手机图书，又叫手机电子书，主要指通过手机阅读的电子图书。伴随着移动通信技术的成熟和手机的普及，通过手机看小说在国内已经成为一种时尚和潮流。当前，手机电子图书文件主要有 UMD、WMLC、JAVA（包括 JAR，JAD）、TXT、BRM 等几种格式。

（五）手机电视

手机电视（Mobile TV），是基于安卓（Android）平台的在线音视频播放和分享应用，为用户提供电视频道和音频广播直播，是以手机等便携式移动终端设备，传播视听内容的一项技术或应用。手机电视融合多种媒体特性，将电视媒体的直观性、广播媒体的便携性、报纸媒体的滞留性和网络媒体的交互性融为一体。因此，手机电视不仅能够提供传统的音视频节目，而且还可以借助无线网络完成交互功能，更利于多媒体增值业务的开展。

四、自媒体形态

自媒体的英文名为 WeMedia，又称"公民媒体"或"个人媒体"，它既是一种以个人传播为主的媒体形态，又是一种个性化、平民化、自主性极强的信息传播方式，它主要借助博客、播客、微博、微信、论坛（BBS）等信息传播平台，向社会公众或者特定个人传递信息的新媒体形态的总称。

在传统媒体时代，信息传播活动由专业媒体机构主导，它们在新闻报道时通过议程设置，强化主流媒体声音，告诉社会公众哪些是对的或者哪些是错的，人们在此过程中只是扮演被动接受者，即"受众"的角色，没有多少主动性可言。新媒体时代来临以后，由专业媒体机构把持的信息传播活动逐渐被"去中心化"取代，"主流媒体声音"也渐次被碎片化和个性化所淹没，每个人都在从自己获得的资讯中对事物做出主观价值判断。与由专业媒体机构主导的信息传播不同，自媒体是由普通大众主导的信息传播活动，它将传统媒体时代的由"点到面"的传播，转化为自媒体时代从"点到点"的传播，是用户与用户之间的一种对等的传播活动。因此，从根本上说，自媒体是一种以个人传播为主的媒体形态，即人们常说的"人人都有麦克风，人人都是记者，人人都是新闻传播者"。同时，它还是一种为个体提供信息生产、积累与共享，传播内容兼具私密性和公开性的信息传播方式。

（一）博客

博客，是 BLOG 的音译名，有的也音译为"部落格"或"部落阁"，是 WebLog 的缩写形式，是一种传播个人思想、带有知识集合链接的网络日志。"博客"之名最早来自被称为"网络旗手""博客教父"，并将博客引入中国的方兴东。他认为博客是继 Email、BBS、ICQ 之后出现的第四种网络交流方式。博客的使用者或拥有者被称为 Blogger 或者 WebLoggers。博客一般由个人管理，blogger 或者 Webloggers 不定期将自己新写的文章或者将别人的文章粘贴在上面。博客上的文章通常根据粘贴时间，按照由新到旧的方式排列，重要文章可以置顶。作为个人主页或者个人网站的博客，其"技术原型可以说是简化的 BBS 和个人空间的组合"，它"以个人日志"的链接文本形式存在，在时间维度上持续，并且可以回溯，因而表现为一个较为完整的个体。与 BBS 或个人网站中的网民相比，博客可以不依附大型网站，同时突破了传统个人主页的诸多局限，更强调受众的个性与权利，从而塑造了网络世界中个体的完整形态"。在博客中，博主可以隐去自己的真实身份，借助文字、图像、其他博客或网站的链接，自由表达自己的思想与观点，与他人进行交流、沟通与互动，因此博客是一种互动性极强、极具个性化的自媒体形式。目前，比较有名的博客有新浪博客、网易博客和搜狐博客等。

（二）微博

微博（Weibo），又称为微型博客或微博客，译自英文 MicroBlog 或 Microblog，它是基于用户关系的信息分享、传播以及获取平台，是由博客发展而来，是博客在 Web2.0 时代新的表现形式。微博用户可以通过电脑（WEB）、手机（WAP）等客户端组建个人社区，以简短的文字发布或更新信息，并实现信息的即时分享。与博客相比，微博发布的文字信息更加简短，一般不超过 140 字，因而有"一句话博客"的说法，并且微博作为一种分享和交流平台，更加注重信息的时效性和随意性，可以表达出用户每时每刻的思想和最新动态，用户可以不受时间、地域限制，随时随地发布信息，发布信息的方式也更加方便快捷。世界上创立最早、影响力最大的微博网站是美国的推特（Twitter）。2006 年 5 月，博客网站（Blogger.con）的创始人埃文·威廉姆斯（Evan Williams），在美国硅谷创建微博网站推特，向用户提供微博服务，由此改变了世界的沟通方式，影响到社会生活的方方面面。受推特成功的启发，国内创立的中文微博网站先后有饭否网（2007 年 5 月）、叽歪网（2007 年 5 月）、腾讯滔滔（2007 年 8 月）、嘀咕网（2009 年 2 月）、同学网（2009 年 5 月）等，而影响最大的还是由几大门户网站建立的新浪微博（2009 年 8 月）、网易微博（2010 年 3 月）、腾讯微博（2010 年 4 月）和搜狐微博（2010 年 4 月）。

（三）微信

微信，英文名为 WeChat，是深圳市腾讯计算机系统有限公司于 2011 年 1 月 21 日，推出的一个为移动智能终端提供即时通信服务的免费应用程序，"微信"一词亦由腾讯公司总裁马化腾在产品策划的邮件中确定。微信支持跨通信运营商、跨操作系统平台，通过网络快速发送免费语音短信、视频、图片和文字，通过"摇一摇""漂流瓶""朋友圈""公众平台""语音记事本"等社交和服务插件，共享媒体内容资料。微信的创新表现在两个方面：一是微信提供公众平台、朋友圈、消息推送等功能，强化了移动通信技术条件下社交信息平台的即时通信功能，一方面用户可以通过"摇一摇""搜索号码""附近的人"、扫二维码方式添加好友和关注公众平台，另一方面微信又将内容分享给好友以及将用户看到的精彩内容分享到微信朋友圈；二是伴随着微信逐渐由社交信息平台向商业交易平台的转移，它将对整个营销行业带来颠覆性影响，消费者只要通过微信平台，就可以实现商品查询、选购体验、互动、订购与支付的线上线下一站式服务模式。根据腾讯在 2015 年 6 月发布的"2015 微信用户数据报告"显示，截至 2015 年第一季度，微信已经覆盖中国 90% 以上的智能手机，月活跃用户达到 5.49 亿，用户覆盖 200 多个国家、超过 20 种语言。此外，各品牌的微信公众账号总数已经超过 800 万个，移动应用对接数量超过 85 000 个，微信支付用户则达到了 4 亿左右。其巨大的影响力由此可见一斑。

据微信官方公众号 2018 微信数据报告显示，2018 年，微信月活动用户达到了 10.82 亿。平均每天有 450 亿次的信息发送出去，4.1 亿次音视频呼叫成功。通讯录朋友人均比三年前多了 110%。

第五节　新媒体融合

新媒体技术发展势头迅猛，新媒体用户数量逐年增加，据中国互联网信息中心发布的历年互联网发展报告，2014 年年末，全国网民人数为 6.49 亿，互联网普及率为 47.9%，媒体接触时间为人均周接触 26.1 小时，每天网络接触时间均数为 3.7 小时。2015 年，网络设施稳步推进，一季度末，全国光纤到户端口达到 3.9 亿个，2015 年年底，我国平均宽带接入网速以兆（Mb）计算，达 20.05 兆，比 2014 年的网络提速接近 3 倍，移动终端的接入用户进一步增加，手机网民用户规模达 6.19 亿，占网民的 90.1%。2016 年首季度末，4G 网络已覆盖我国国内所有城市和主要乡镇，用户规模为 5.3 亿，大于美国和欧洲 4G 用户量的总和。《世界互联网发展报告 2017》显示，至 2017 年 6 月，全球网民总数达 38.9 亿，其中，中国网民规模达 7.51 亿，居全球首要位置。国内网民中使用手机上网的比例继续上升，手机网民规模达 7.24 亿。

新媒体依托二进制编码，信息以二进制的组合表示，新媒体的信息载体或载具如电脑、数字电视、智能手机、平板电脑等终端能够存储、接收和传送二进制信息，通信技术为视频、音频、文字等格式的信息传输提供了基础，媒介融合以及媒介信息内容的融合以二进制为基础。

一、媒介融合是技术创新的结果

学术界对媒介融合的界定说法不一，媒介融合并没有一个统一的定义。有的从技术融合层面界定，有的从媒介产业融合的层面界定，有的从政府对媒介的管制、法律规范融合层面界定。无疑，互动是新媒体发展的关键词，各类媒介符合有机融合，传统媒体与新媒体互动频繁。媒体平台之间互联互通，界线趋于瓦解，多媒体信息内容为信息立体呈现以及信息传播内容的个性化提供基础。媒介融合以先进数字传播技术为依托，新媒体与传统媒体之间界限趋于模糊，两者实现互补和资源共享，表现在媒介形态的融合、媒介业务的融合、媒介产业的融合、媒介平台的融合和媒介法律规范的融合等层面。媒介融合是各国政府政策鼓励的方向，目的是在提升本国媒体在国际上的竞争力。

云计算、物联网、大数据等关键技术的发展和兴起是引领经济发展的火车头，是建设现代化经济体系的战略支撑。目前，中国已经成为全球最大的移动互联网市场。新媒体的融合带来数字经济的全面发展，改变了实体经济的发展战略。数字经济与实体经济相互融合，为数字经济和实体经济的继续发展带来更大的可能性。全球 22% 的 GDP 与数字经济高度关联，互联网作为先进传播科技和传播力的排头兵，引领产业革命。

媒介融合是技术创新的直接后果，当下数字经济迅猛发展，共享单车、支付宝、微信支付、银联云闪付等都是数字经济发展带来的日常应用。数字经济是全球经济发展的新动能，这一观念是各国发展的共识，媒介融合带来数字经济的发展，数字经济发展的基础是数字经济与传统的各行业相互结合，互联网思维和方法以及技术运用于各行各业，云计算、大数据、物联网等新兴技术方兴未艾，持续推动数字经济的发展。

二、媒介业务和媒介平台的融合

我国新媒体的发展从经营形势来看，民间资本和民营的互联网公司占有较大市场份额，拥有较多用户规模，而传统媒体依然占据内容生产的优势。从事新媒体产业的企业往往以内容流通平台和接入用户终端作为主要优势。在新媒体商业领域，电商平台如京东、淘宝等纷纷建立实体体验店，传统百货超市和商场如苏宁也纷纷开设网络销售平台，而在新媒体内容生产和流通领域，在传统媒体和新媒体的互补方面，如同电商平台和传统商业形态的竞争合作一样，新媒体公司千方百计地做内容生产，而传统媒体也极力去开拓新媒体平台，例如国家队的主流媒体新华社、央视、《人民日报》等纷纷推出自己的客户端，而腾讯等网络公司也纷纷投资内容生产和制作。传统的影视制作公司纷纷涌入 IP 市场，发掘拥有庞大用户阅读量的网络文学市场。

新媒体不但改变了媒介的格局和生态，也推动着社会和政治经济格局的变化。以美国总统选举为例，罗斯福借助当时的"新媒体"——广播开办了炉边谈话，肯尼迪借助当时的"新媒体"——电视赢得了总统大选，特朗普在选举时，在美国传统主流媒体上没有获得比竞争对手更广泛的支持，转而着力于社交媒体，赢得了中下层选民的支持。

在移动互联用户数量占据多数比例的背景下，门户网站、传统主流媒体投入巨资，下大力气开发新闻 App 和手机 App，以抢占移动互联网的份额，例如网易新闻 App、搜狐新闻 App，国家队也不甘示弱，《人民日报》App、中国网络电视台 App 纷纷上线，而民营科技公司如今日头条 App 也通过内容整合和搜索，抢占移动信息消费市场。各类互联网应用更加强调硬件设施的兼容性，能够兼容不同系统的智能手机和移动终端，传统新闻媒体几乎做法一致地推出微博、微信以及新闻客户端以扩大影响力。媒体内容在不同媒体平台之间和硬件设备之间共享。互联网的早期应用如邮件、博客、公告板等一度风靡，一些应用虽然具有聚集用户的广场功能，但信息在用户彼此之间的流动受到限制，而打通了不同硬件设备的社交媒体应用如微博和微信不仅聚集用户，也提供了信息在用户彼此之间的流动程度。不管是关注、评论还是转发，或是分享，都是社交媒体的基本功能，用户之间的相互关联和关注驱使信息以裂变速度传播，从单个用户内容的广播到用户粉丝群收听、转发和发言点评。信息的分享和散布背后是人际的互动。微博提供了网友们自由选择和交流信息的平台，搭建了人际互动和群体互动的社交平台，这一社交网络的建立并不依赖于传统意义上的熟人，微博允许"关注"任何人，可能是陌生人，也可能是用户希望认识的人，通过这一社交网络，用户拓展了真实的人际网络。这类社交媒体突破了大众传播与人际传播的边界。

媒体融合是依托先进技术，各类媒体在内容、平台、业务、经营和管理、渠道等层面的深度融合。媒介业务融合使得多媒体形态的融媒体得以出现，而传统媒体与新媒体之间的渗透程度加深，平台和流量备受重视，互联网企业如盛大、百度、新浪微博等纷纷搭建平台，例如新浪微博平台的地理应用，基于定位功能可以为用户提供出行等各类服务。

三、媒介融合对产业发展的影响

新兴媒体是推动经济结构调整、转变经济发展方式的重要引擎，新媒体相关产业是我国发展绿色经济的新兴战略产业之一。

美国自 1996 年实施《电信法》以来，鼓励传媒业自由竞争，以提升国内传媒业的国际竞争力。传媒业与其他行业的并购活动不断，媒介所有权集中度提高，跨媒体、跨行业的集团运营更是司空见惯。美国哥伦比亚广播公司（CBS）、美国全国广播公司（NBC）等美国前 20 位的传媒集团几乎都是不局限于传媒业务经营的多元化传媒集团。传统媒体与新媒体互联互通、互相认可、互相竞争合作。新媒体是用户需求和技术创新的产物，又通过不断的创新表现，推动生产经济和政治参与，国家和社群治理方式的创新。新媒体开发具有无限的商业价值和市场前景，平板（iPad）、电子书阅读器（Kindle）等电子阅读器的热卖开拓了数字出版的新领域，在线付费新闻开拓了传统媒体的市场空间，在线数字教育和微信公众号运营开辟了传统教育的新途径。网上新闻发布会、虚拟主持人、网上问政，政府微博、微信公众号运营，新媒体的洪流席卷并正在深刻改变和影响公民政治参与以及政府治理的方式。

2016 年，英国著名报纸《独立报》停刊纸质版，推出在线 App。纸媒会消亡的论断并不是危言耸听，纸质媒体在西方国家江河日下，市场份额不断下降。促进媒介融合，提升传媒产业的竞争力关乎国家的国际话语权，创建多元媒介平台和强有力的传播机构是媒介融合转型的必由之路。

以国家队中的央视而言，央视开办央视网，促进台网融合以占领舆论制高点。上线"央视影音"客户端、"央广快新闻"等移动客户端。借助于媒体融合创新加速发展，促进信息产品生产的流程再造、有效提升融媒体内容制作的效率，融合采访、编辑、发行等产业链的各生产环节，创建立足于云平台的统一制作和播出系统，促进电视台和网络的内容制作合一，打造网络内容分发平台。互联网技术在电视行业的应用推动了传统行业的转型和发展，促进了电视行业的产业革新，央视的改革是广播电视行业在新技术挑战下为更好应对用户的个性需求而做出的发展策略的调整。

以新华社而言，传统意义上其属于国家通讯社，但是近年来，新华社加快战略转型，运用互联网思维，走多元化运营体制之路。定位于国际一流水准的融媒体机构，打造提供信息定制和个性化的新华通信集成服务平台，不断推出多媒体融合应用的产品形态。推出

"新华社发布"客户端以及"新华国际"等将近 50 个客户端，以达到对移动互联网市场的全面覆盖，手机的终端产品种类广泛，达百余种，用户规模超过 2.3 亿。此外，借助于社交媒体，开设"新华视点""新华社法人微博发布厅"等微博群，用户规模以千万计。新闻生产从传统格局逐步向融媒体格局过渡，设立通讯社业务、报刊电视业务以及数据库业务、网络业务，金融信息业务等。

以《人民日报》为例，《人民日报》是国内较早触网的新闻媒体。早在 1997 年，由该报主办的人民网上线，是国内首家中央重点新闻网站。近年来，该报提出"中央厨房"战略，面向国内和国际的 500 家媒体和网站提供多语种的新闻产品。依托《人民日报》，开办两微一端和户外屏幕作为融媒体传播平台，建立融媒体的立体传播体系，就用户数量而言，报纸的用户数量占比仅为一个百分点，《人民日报》的融媒体传播平台是以互联网和移动互联网为主，网络用户数量占据绝大多数。《人民日报》从顶层设计着手，打造完整的媒体融合系统，重构信息产品生产、传播以及运营管理系统。聚焦优质内容生产，整合资源创造价值，为行业构建信息产品生产的平台。就内部组织架构而言，内容策划、采编、发行的核心机构是总编调度中心，指挥全局运营。而采编联动平台的团队，服从总编调度中心的调配，生产融媒体信息内容，产品进入后台新闻数据库。新媒体中心总编室、人民网总编室、报社总编室等机构可以直接发布稿件，也可以对新闻数据进行再加工后发布。为激励融媒体内容生产能力，组建新的业务链，成立融媒体工作室。内部管理上，《人民日报》报纸、网站、新闻客户端以及社交媒体的运作采取项目制施工。融媒体工作室不仅扩展《人民日报》报纸版面的既有内容，而且提供视频、音频、图解、图像等形式的信息内容，这类信息内容又与报纸版面内容融合，间接提高了报纸的可读性。对于新闻线索的抓取，不仅可以通过记者自主进行，还可以通过网络数据筛选选题，并通过后期效果评估和追溯用户行为，深度了解用户使用和行为偏好，进行个性化推荐，以精准推送信息内容。

传统媒体和新兴媒体在内容、渠道、平台、经营、管理等层面的融合发展，需要遵循新闻传播规律和新兴媒体发展的基本规律，强化互联网思维，坚持两者优势互补，以先进技术为支撑、内容建设为根本，促进内容生产的采集、制作、传输、接收、显示等各个环节以及管理的整个内容产业链的融合。当前，新媒体产业迎来发展的黄金时代，与传统报业、广播影视产业之间彼此融合，深刻改变了传媒产业的发展格局。

第二章 新媒体的发展历程

第一节 网络媒体发展概况

从互联网的雏形——阿帕网的横空出世至今，互联网已经走过了40多个年头。在近半个世纪的发展中，互联网的发展从实验室走向市场，并最终改变了人类的生活、工作、娱乐等各个方面，它的发展历程呈现出从科研教育到商业应用的清晰脉络。

一、1969—1993：网络媒体探索期

在1969年到1993年之间，互联网的主要目的还是用于军事、科研等领域，并未进入大众的生活，在此期间，网络媒体仍处于探索期。

（一）互联网在欧美的起源

世界上第一台计算机埃尼卡（ENICA）1946年在美国诞生。1957年，苏联发射第一颗人造地球卫星，在跟美国的竞赛中赢得了空间领域的胜利。美国国防部受到刺激，决定组建高级研究计划局，计划通过计算机网络促进先进军事指挥和控制系统的发展，使其能承受苏联的核攻击。

军事目的直接指向了网络结构的去集中化。因为不能存在一个能被敌人摧毁的指挥中心，要保证即便在部分被摧毁的情况下，整个系统还能继续工作，所以直接导致了互联网作为一个权力分散的系统而存在。当时的互联网以封包交换（Packet Switching）通信技术为基础，这个系统使网络可以独立于指挥与控制中心而运作。信息被分装为单位（小包），然后才发送出去，根据流量和网络情况，信息包走不同线路，到达目的地后又重新打包。每个信息包用数字封套包装，标上运输和内容的具体参数。互联网的产生，从一开始就打上了军事目的的烙印。

在1969年起步时，互联网只是美国一个小型的公共计算机网络，这一网络有一种计算机语言和一套协议。直到1974年，TCP协议和IP协议被提出，再到1983年被确定为网络的标准协议，这时美国才真正建立起来全国性互联网。

除了军方赞助以外，科学研究的价值成为互联网发展的第二个重大因子。由于军方和科学界都不希望受到中央网络的控制，因此最初双方建立了良好的工作关系。后来，在安

全问题的优先排序上，军方跟科学家双方发生了严重分歧。经友好协商后，1983年，互联网分成军用和民用两部分。然而当时互联网仍然是专家和精英的用品，未曾对大众消费群体开放。

20世纪80年代，商业网络服务已经在公共互联网之外兴起，给用户提供购物和聊天的机会，但收效不大。同期，美国反文化运动和欧洲反文化运动的兴起，把互联网从技术精英的工具改造为虚拟共同体的创造工具，将其改造为亚文化的游戏场、民主的代理场。

1985年，欧洲粒子物理研究所的内部网启用了互联网协议，1989年又开通外部网互联网协议，并于1991年创建了万维网。20世纪80年代和90年代，互联网的发展实现了国际化，此前主要以美国为中心。

1990年，美国军方把公共互联网的骨干业务分流出来交给国家科学基金会，从此，其军事使命就终结了。1991年，美国互联网商业开发的禁令才被解除，这是互联网迈出非常重要的一步。

1993年，马克·安德森等人创办了网景公司，网景浏览器的推出加速了互联网的普及速度，因为它将思想付诸实践，使得互联网有可能真正走出技术高手的圈子，飞入寻常百姓家。同年，克林顿政府提出"信息高速公路"计划，旨在使所有的美国人方便地共享海量的信息资源，进一步推动了互联网的商业化进程。之后，互联网就开始逐步从实验室走向市场，并最终席卷全球，成为推动人类社会进步的重要驱动力量。

（二）互联网在中国的萌芽期

互联网在中国拉开序幕也始于实验室。1987年9月20日，北京计算机应用技术研究所王运丰、李澄炯等7人向世界发出我国第一封电子邮件"越过长城，通向世界"，宣告中国人开始使用互联网。1990年11月28日，钱天白教授代表中国正式注册了我国的顶级域名"cn"。直到1994年4月20日，中国开通与国际互联网相连的64K网络信道，才标志着我国正式加入互联网国际大家庭。正式接入国际互联网以后，我国的互联网基础设施建设也在积极铺开，CHINANET（中国公用互联网）、CERNET（中国教育和科研计算机网）、CSTNET（中国科技网）、CHINAGBN（中国金桥信息网）等四大骨干网工程相继展开。

二、1994—2000：网络媒体商用尝试期

从1994年到2000年期间，互联网走过了商用尝试期。在此期间，搜索引擎、商业网站、网络广告等有了初期的发展和壮大，网络经济的热潮一度达到顶峰。

（一）欧美地区的互联网商业化尝试

20世纪90年代中期，互联网的市场化开始被人们接受，因为它符合当时的时代精神。麻省理工学院的尼古拉斯·尼葛洛庞帝预言，公众将从互联网和数字媒体中主动获取想要的东西，而不是被动接受媒体推给他们的东西。

1994年，杨致远和大卫·费罗在美国创立了雅虎。搜索引擎的到来，进一步加速了

互联网的商业化步伐。到 1995 年，美国的公共互联网完成了私有化。1996 年 4 月 12 日，雅虎正式在华尔街上市，上市第一天的股票总价达到 5 亿美元。互联网的商业价值开始逐渐凸显，也使互联网的性质发生了变化。1997 年通过的信用卡交易标准协议大大促进了网上销售。在一定程度上，互联网成为一个大型商场，虚拟商店开张，产品和服务在此出售。

在互联网的普及上，商业化发挥了重要作用，使更多公众能用上互联网。然而，商业化又实施了经济控制和元数据控制，启用新的商业化的监控技术，这就影响了互联网的多样化和自由。互联网商业化的变迁让它的中性被终结了，因此也带来了一系列的副作用。它促成的网络广告可能会打扰人，如互联网体系为富人提供快速的上网服务，穷人却只能享受低速的上网服务；互联网曾经是非市场化的，内容自由流通，如今这个空间却可能变得商品化，销售和广告可能成为主导，损害了互联网作为开放的公共领地的性质。

（二）中国地区的互联网商业化萌芽

互联网这个新生事物在中国的发展也十分迅速，网络经济在快速升温的同时，传统媒体创办网站的热情高涨，商业网站谋求着创造跟"美国在线"一般的网络神话。

从 1995 年《神州学人》周刊成为我国第一家走上互联网的媒体开始，此后 3 年里，网络媒体在数量上迅速增长，呈现出向前推进的强劲势头，多家媒体开始了摸着石头过河的探索之路。

在此期间，张树新开发的"瀛海威时空"网络翻版了"美国在线"，成为普通中国人网络生活的启蒙导师。《人民日报》《中国经营报》《广州日报》《北京青年报》《中国日报》等多达 30 余种报纸在互联网上开始发行电子版。

与此同时，新浪等商业网站纷纷成立，给互联网经济的红火添了把柴。1999 年的广告监测数据显示，互联网站的广告收入在当年第四季度比第一季度增长了 651%，互联网址在电视和报刊上大肆投放广告，投放总计达 1.56 亿元。网站开始了争先恐后烧钱买版面来博关注，"烧钱""圈地""风险投资""上市"等曾是当时的热门词汇。

网络媒体的发展被政府提到了战略高度。1999 年，时任总书记的江泽民同志在一次工作会议上强调，要对新闻媒体积极利用。2000 年，国务院新闻办更是首次召开互联网络新闻宣传工作，并确定了包括中国互联网新闻中心、《人民日报》、新华社、《中国日报》和中国国际广播电台等在内的首批重点新闻宣传网站，从侧面说明了网络媒体当时地位上升的事实。2000 年美国在线与时代华纳的合并更是给予整个互联网行业强大的信心，网络经济的热潮达到高峰，国内互联网行业从业者希望复制美国的神话。此时，互联网的商业化发展已成燎原之势。

三、2001—2004：商业网站启动期

2000 年下半年，互联网的第一场暴风雪从美国刮到中国，互联网遭遇到第一次寒冬。2000 年 4 月纳斯达克科技股一泻千里，美国的网站陷入倒闭潮、并购潮，但中国仍有三

家门户网站新浪、网易、搜狐逆风上市，虽然一直徘徊在垃圾股边缘，却通过自身的绝地反击获得重生。总体来说，从 2001 年到 2004 年，是世界商业网站的启动期。

（一）商业网站的破冰重生

2000 年年底的互联网泡沫破灭是必然的，因为当时互联网的发展尚未成熟，"烧钱圈地热"和"上市融资热"一度蒙蔽了创业者的眼睛，他们未能清醒地认识到当时的经济环境和技术环境。

然而，顽强的互联网人并未就此倒下。从 2001 年到 2002 年上半年，网络经济在跌落谷底以后开始了绝地反击，用多种方式寻求适合自身特点的发展道路。

在此之前，中国的商业门户网站一直沿袭着美国雅虎网站的模式，即通过内容与搜索服务来吸引网民，提升点击率，再用点击率来吸引广告主进行在线广告的投放。这与传统媒体的二次售卖模式其实并没有本质差异，都是要先吸引用户眼球。然而，互联网低潮的到来让各家网站开始探索新的发展道路。

美国的网站先做出了示范性探索。2001 年 4 月，微软公司宣布要开设订阅收费服务网站，《纽约时报》也开始测试一系列收费的信息产品，ABC 新闻（ABC News）、雅虎等纷纷走上收费的尝试之路。

国内的网站为了生存，开始效仿收费，并且尝试用重新定位和其他的方式盈利。2001 年，网易在纳斯达克的停牌使其传统广告受到剧烈冲击，开始进行战略转型，向提供个人收费服务的方向转型。2002 年 4 月 12 日，新浪进行架构整改，核心业务包括新浪网、新闻企业服务、新浪热线；搜狐开始面向个人和企业开展了一系列收费服务。当时商业网站的收费服务主要包括对个人用户收费、对企业用户收费和提供互联网服务进行收费。

这三家门户网站逐渐摆脱对雅虎的纯粹模仿，开始重新定位并摸索自身发展之路后，终于在 2002 年下半年走出了寒冬，实现了盈利，为之后更好的发展打下了良好的基础。而通过这次寒冬的自救，中国商业网站的发展开始逐步走向规范化、理智化。

相对而言，这场互联网泡沫破灭带给传统媒体网站的负面影响和冲击要小得多。从 2001 年到 2002 上半年，传统媒体网站开始了自我调试和改版，以提升自身新闻传播的实力，并适应新时期竞争的需要。新华网、人民网、央视国际等代表官方话语的媒体，与千龙网等地方新闻网站和其他行业网站，继续自身发展与整合的步伐。

（二）商业网站的跨越式成长

2003 年被视为中国网络媒体发展史上的一个分水岭。这一年，网络媒体开始复苏，网络经济重现曙光。国际国内上的重大事件，让网络新闻有了更多的表演舞台。商业门户网站继续自身改革和提高的发展之旅。尤其是非典事件的爆发，更让网络媒体和电子商务网站获得了迅速生长的契机。

2003 年 2 月，美国"哥伦比亚"号航天飞机失事时，新浪网第一时间将信息发布在网站上，并且向手机新闻订户发出第一条短信，这比新华网、《人民日报》等媒体都要早；

此后在 3 月打响的伊拉克战争期间，中国网络媒体纷纷主动出击，推出关于伊拉克战争的最新报道和手机短信服务，开辟战争专题页面，24 小时滚动直播战争动态，开通战争的网络视频直播等举措，让我国网络媒体有了新闻时效性竞争的意识。而在这次战争报道之争中，不仅出现了网络视频媒体播放、Flash 新闻等新的新闻报道形式，报道手段和方式也得到了提高。

2004 年，网络媒体纷纷推出"2003 年十大新闻评选"，对过去一年的新闻事件进行回顾和点评，标志着商业网站的竞争姿态凸显出来。在经历了网络经济寒冬洗礼后重生的商业网站，经过短暂的休整后，在新闻内容、发展模式、盈利手段上都有了新的发展，终于重整旗鼓，并最终迎来了网络媒体的跨越式成长。

四、2005 年至今：网络媒体全面发展期

从 2005 年以后，互联网呈现出全面发展的态势，先是 PC 端网络媒体的全面发展，之后移动端媒体也开始强势增长，互联网成为改变全球人类生活的重要力量。

（一）2005—2008：PC 端网络媒体全面发展

仅以国内互联网的发展为例，商业网站汇聚起大量人气和流量，传统媒体网站也成长为网络新闻影响力的主导者；同时，博客、网络杂志、网络视频开始兴起，校内网（现为人人网）、开心网、QQ 空间等社交网站获得蓬勃发展；新型的网络盈利方式得到拓展。

2006 年，网络新闻作品正式进入中国新闻奖的评选范畴，网络媒体的"主流"身份得到了充分的认可。人民网、新华网创作出许多优秀作品，成为传统媒体网站中的佼佼者和网络新闻影响力的主导者。

同年，网络阅读这一新兴阅读方式开始兴起，截至 2006 年 5 月，全国已有 400 多家出版社开展了网络出版。网络视频开始兴起，恶搞短片《一个馒头引发的血案》在网上风靡一时，IPTV 的技术根基日益坚固。

博客是这段时期最引人瞩目的互联网产品。2005 年，是博客发展的关键一年，这年，全球博客数量突破 1 亿，中国博客数量达到 1 600 万，实现了从"小众"走向"大众"的过渡，各大商业门户也纷纷开通博客，抢占用户。

社交网站的火爆是这一时期另外一个热点。在国内，校内网、开心网、QQ 空间等社交网站，都曾风靡一时，注册用户数和活跃用户数都居互联网应用的前列。而基于社交关系的商业应用则得到迅速的发展。

（二）2009 年至今：新媒体百花齐放

2009 年 1 月，3G 牌照的发放宣告了 3G 元年的到来，移动互联网产业开始迈入新的发展阶段。此后，移动互联网、微博、微信、三网融合、媒介融合等热点成为传播学界热议的主题，也成为业界争相热捧的对象

基于智能手机的各种 APP 开始火热，各家门户网站趁热打铁推出各自的新闻客户端

产品，其中腾讯新闻客户端 2015 年 1 月 APP 以月度覆盖人数已达 8 114 万人位居榜首，腾讯、搜狐、网易三家新闻客户端占据了 64% 的市场份额。而传统媒体网站也纷纷推出自身的移动客户端，抢夺移动互联网时代的新闻用户，一场没有硝烟的战争在移动端展开。

2009 年 8 月，新浪推出"新浪微博"内测版，此后微博发展日益火热，在微博中诞生的各种网络热词迅速走红网络，诸多政府机构、企事业单位和各界名人、草根汇聚于微博，借着微博上的高人气和影响力成为微博上的意见领袖，微博反腐、微博打拐、微博营销都成为对微博应用的热点所在，微博效应逐渐形成和壮大。

而 2011 年推出的微信，则是移动互联网发展史上的一个里程碑式的产品。截至 2014 年末，微信的月活跃人数已突破 5 亿，在移动端独领风骚，一骑绝尘。基于微信的 O2O 服务、电子商务、移动支付、微信营销、企业宣传等更是红火至今。

除此以外，在网络媒体以外的领域，电子商务、移动生活、智能穿戴设备、物联网等也方兴未艾，改变了全球互联网用户的生活和工作方式。

第二节　自媒体发展扫描

随着互联网的不断发展，越来越多的新型传播工具开始出现，以专业的媒体组织机构为主体进行的新闻报道方式逐渐受到冲击，以个体为单位的信息传播方式得到发展，先后出现了以博客、微博和微信为代表的自媒体形式，逐渐变革传统的传播模式和媒介生态。

一、自媒体概述

所谓自媒体，是指普通公民经由数字科技与全球知识体系相连的，一种提供与分享他们真实看法、自身新闻的途径。

一般认为，自媒体有如下特点：传播主体是普通大众而非专业的传播机构；传播渠道以第三方专业网站为实现平台；依托于数字科技与网络技术而产生；实现了从传播到互播的改变，传播方式更加多元化；传播主体拥有更多的话语权与自主权。比较有影响的自媒体类型包括博客、微博、微信，三者分别在不同时期成为普通公民彰显自我、表达观点的媒介。

（一）博客：Web2.0 时代具有开创意义的个人媒体

博客，即网络日志，英文名为 BLOG，形式多以文字为主，也糅合了摄影、音乐、视频、艺术等，比较著名的博客有新浪博客、博客中国等。

（二）博客的特点

博客具有私人性、即时性、开放性和交互性等特点。正是这些特点，使其改变了传统的网络环境和传播格局，产生了深远的社会影响。

博客不再是由传统的媒介组织所拥有的工具，而是真真正正属于网民个体私有的网络空间。网民可以在上面自由表达自己的观点、态度，将其当作个人展示的舞台，也可以只是进行生活记录，当作网络日志的形式。博主对自己的博客具有充分的管理权和自主权。博客的出现标志着个人媒体时代的真正到来，信息传播得以通过博客这一中介以一种最私人化、最便捷化的方式呈现。

博客具有即时性。博客的呈现方式一般是按照时间顺序倒序排列。博客发布后，就可以及时更新在网络上，其他网民即可立刻进行浏览。纸质媒体在信息生产过程中，媒介工作者从采访、写作到修改、印刷、出版、售卖这一过程中所耗费的时间，会导致信息的时效性降低，而博客则能提升信息传播的新鲜性。

博客具有开放性。它允许浏览者进行自由评论，给网民提供了一个信息和观点交流的渠道，意味着在网络环境中公共领域的兴起，降低甚至是打破了个体进入公共领域的门槛。

博客具有交互性。以往的大众媒介发布信息是单向的信息输出，信息反馈这一环节比较薄弱，虽然报社有读者来信，电台有听众电话交流，但是跟博客这种博主与浏览者直接通过评论和回复的机制进行思想的碰撞、消息的互换还是存在很大的差距，博客使得传播过程中的传受双方互动性得到大大提升。

（三）播客对传播格局的影响

博客跟原有的网络传播方式具有本质区别。电子邮件和腾讯 QQ 是点对点或小群体之间的传播，BBS 是网民的随意发言，它们传播的结果是一个个离散的点，而博客突破了点对点传播的局限，可以使得博主的发声为更多人所听到。

博客的出现预示着个人媒体时代的真正到来。因为它不仅使互联网上的信息传播可以以一种私人化的形式出现，还给网民提供可以互动的交流平台，通过对传统传播模式的冲击，打造出一种新型的信息传播格局。

博客带来信息空间的延伸。从本质上来看，博客创造了一种全新的传媒文化和民主气氛，延伸了传媒信息科技的文化张力。博客为网民提供了一种新的传播渠道，使得普通网民也可以利用这个平台来分享自己的知识、信息和观点，而且主要是将其作为一种实现个体价值、张扬自我个性的工具来使用。此外，由于博客的评论机制，使得不同网民的观点可以在此进行碰撞，产生新的思想火花，跟传统媒介只是让受众被动地接受消息形成了区别，使信息空间得以延伸。

博客赋予个体对大众媒介施加影响的权利。一旦博客被网友围观，或者其言论产生了重大的社会效应，大众媒介就会出于追逐热点的本能继续予以跟踪和报道，因此，博客的出现可能会让个体反向影响大众媒介，而改变了以往个体只能受大众媒介报道影响的局面。

博客使得传播的主客体可以走向融合统一。在传统的大众传播模式中，传者与受者界限分明，而在博客的环境中，网民具有积极参与的主动性，他们可以通过对博客内容的评论实现与传者之间的互动，甚至可以通过独立写作新博客内容予以评价和回应的方式，使自己由受者成为传者，由此博客使得传播的主体与客体的界限不再那么清晰，并走向融合统一。

总体来说，博客改变了传统媒体的传播模式，是 Web2.0 时代具有开创意义的一种个人媒体。

三、微博：传播的变革者

微博（Weibo）是微型博客（Micro blog）的简称，用户利用微博可以实现即时分享与社交。

（一）微博的产生与发展

微博最早的鼻祖是美国的推特。2006 年，推特由杰克·多西、伊万·威廉姆斯和比兹·斯通创办。2007 年，推特在美国西南电影节（South By Southwest）上第一次吸引了公众的眼球，并于当年获得了全美互动网络大奖。

国内的微博中，以新浪微博和腾讯微博影响力较大。由于新浪微博的发展现状远胜于其他微博，因此，目前微博一般用来指代新浪微博。

1. 微博的发展与红火

2009 年是推特发展迅速、用户量迅速增长的关键一年。随着其知名度的增大和用户数量的不断增加，推特的业务和目标也在不断扩大，用户体验不断提升。推特是目前全球范围内使用最广泛、信息量最大的微博应用，支持英语、日语、法语、葡萄牙语、西班牙语、意大利语等十多种语言版本，并且语言版本还在不断发展。正是在 2009 年 8 月，新浪网推出"新浪微博"内测版，成为国内第一家提供微博服务的门户网站，微博正式进入网民的视野。此后，国内其他家门户网站也纷纷推出自己的微博产品，网易微博、人民微博、搜狐微博、腾讯微博先后开放用户注册。一时间，微博产品风靡整个互联网圈，主流门户网站基本都在布局微博，因而 2010 年也被称为中国的"微博元年"。推特不仅在诸多重要场合比如洛杉矶地震、孟买袭击事件、奥巴马竞选中发挥出不容忽视的作用，也吸引了各个领域的许多知名人士。美国的奥巴马、俄罗斯的梅德韦杰夫、法国的萨科齐、英国的卡梅伦、韩国的李明博等都在推特开通了个人账号；歌手麦当娜、知名脱口秀主持人奥普拉等娱乐明星也是推特的人气用户；此外还吸引了体育界明星、众多商家企业的青睐。

而在国内，新浪微博的风头也曾一时无两。它不仅吸引了众多名人，还有诸多政府部门、相关领导、企事业单位、媒体单位纷纷入驻，微博一度成为网民讨论时政、经济，媒体发布新闻资讯，企业进行自我宣传、营销的大平台。在微博中诞生的各种网络热词也迅速走红网络，通过微博曝光的许多事件经常成为社会舆论的焦点，微博效应热火朝天。

2. 微博由盛转衰

2011 年是国内微博用户实现井喷式增长的一年，我国微博用户数达到 2.5 亿，微博花了一年时间成为近一半中国网民使用的重要互联网应用。

2013 年，微博的用户规模和使用率均出现大幅下降。我国微博用户规模为 2.81 亿，与 2012 年底相比，减少 2 783 万。这折射出并不乐观的微博发展情况：一方面，基于社交网络营销的商业化并不理想，盈利能力有限；另一方面，来自竞争对手的冲击导致微博用户量下降。据中国互联网信息中心（CNNIC）的统计报告，在减少使用微博的人中，有 37.4% 的用户转移到微信。

尽管提供微博的门户很多，但除了腾讯微博通过一键互通功能，实现与腾讯旗下王牌产品 QQ、QQ 空间的互通，曾一度能与新浪微博抗衡外，其他微博基本都是昙花一现，甚至走向关闭的结局。2014 年 11 月 4 日，网易微博宣布将正式关闭，将用户迁移至旗下的轻博客（LOFTER），同年 12 月 5 日，凤凰微博宣布关闭。其他诸如搜狐微博、人民微博，虽未明确表示关闭微博，但是已成奄奄一息之势态。用户群体主要向新浪微博倾斜，新浪一家独大的格局形成。

2014 年 3 月，新浪微博改名"微博"二字，并于当年 4 月 17 日，正式登陆纳斯达克证券交易所，微博在已经走向下坡路的时候逆风上市。

尽管微博已经上市，但是随着微信、易信等新型移动互联网应用兴起，微博的发展受到了强烈的冲击，无论是微博用户数还是活跃人数，都呈下降趋势，业界对微博的未来也开始唱衰。

在全球范围来说，推特的发展仍然比较红火。推特目前已经比较成熟的盈利模式包括实时搜索、高级账户收费、移动与客户端服务、平台开放与合作、战略合作、广告等，随着其开放平台更加成熟，推特未来的商业价值仍然非常巨大。

（二）微博带来传播生态的变革

尽管博客的出现在一定程度上也改变了传播的生态，然而到了微博时代，才真正地革了传统传播媒介的命。无论是推特，还是国内的新浪微博，其特点都大同小异。同样作为开放的社交媒体，也具有兼容性和网状交叉扩散性，提高了信息传播的速度与效率，因此其对传播生态带来的变革也是相似的。

微博实现了传播主体由精英传播转向平民传播；传播内容由统一生产转向个性化生产；传播过程从单向转向互动；传播效果呈病毒式扩散。

首先，在传播主体上，微博赋予了每个注册了微博的用户传播的权利和机会，实现了传播者的大众化。以往被大众媒介所掌握的传播权利被下放，在这种环境下能明显提高传播者的自主性。而且传播者受众双方之间的界限被打破，传播者既是受众，受众也可以成为传播者，二者之间交错融合。

其次，传播的内容发生了改变。在传统媒体环境下，大众媒介对信息有一个取舍和加工的"把关人"过程，是一种统一生产的内容。而在微博环境下，普通用户发布微博几乎是零门槛，用户可以自己创作内容，微博上的热议事件往往还能吸引大众媒介跟进报道。

但是零门槛的发布方式也使得微博平台上的内容碎片化，缺乏规范和不够严谨，甚至内容失真或不符合社会规范，造成网络谣言。

再次，传播过程也发生了改变。在传统的传播环境下，传播者向受众的传播过程是一种单向流动、点对面的传播。微博的出现则提供了一种以互动和交流为突出优势的新的传播平台。传播主体和传播客体之间可以通过微博的转发、评论、点赞、私信等功能进行及时的、点对点的交流和互动。并且在微博平台上，由于微博用户可以添加自己的观点以后进行转发，因此微博信息除了一对一、一对多的传播外，还可以实现多对多的传播，微博实现了人际传播和大众传播的结合。

最后，传播的效果也发生了改变。一是表现为传播的病毒式扩散效果，微博突破了时间和空间的限制，使得信息的发布、传播都非常迅速、高效，甚至能产生病毒式的扩散效果。二是表现在微博语境下，传播客体不再全盘接受所有信息，而是具有了质疑的可能。一旦对微博中的某些信息持有怀疑态度时，他们可以直接评论或转发表达自己的不同观点，甚至通过自己的例证去否定权威。

（三）微博提升了话语权

微博的兴起削弱了传统媒体舆论控制的能力，提升了公众的话语权，从而建立起媒介话语的新秩序。

话语权有两层含义："话语权利"和"话语权力"。简单来说，就是表达自己意见的"权利"和自我的表达有一定的影响力。后者隐含着一种一定要达到某种效果，使"权利"得到保障的意思。媒介的形态与结构和话语权之间关联紧密，甚至可以认为谁掌握了媒介，谁就掌握了话语权。互联网的自由性、平等性、开放性、交互性和匿名性，为人们广泛参与公共事务和表达自我的利益诉求提供了一个交流的平台，使话语产生的土壤更加肥沃。尤其是在微博兴起的互联网媒介环境下，传统媒体对话语权的绝对垄断地位被打破，话语间互动的维度、频度、广度和深度上都发生了深刻的变化。传统媒体控制话语权的一个很重要的手段就是议程设置，在传统媒体环境下，是媒介议程影响公众议程；然而在新媒体环境下，网民的讨论热点一旦成为社会讨论的焦点，媒体出于追逐社会热点的职业本能，就会对网民讨论的焦点话题跟进报道和考证，也就是说公众议程会反向影响媒介议程。这就直接对传统媒体话语权的作用机制之一形成了直接的冲击。

四、微信："连接一切"的移动平台

无论是博客还是微博，都是模仿国外类似产品进行中国化以后的产物，没有原创性。而微信的出现，则是一种新兴的"中国式互联网产品"，对于中国互联网的发展具有非同寻常的意义。

微信出生于 2011 年，截至 2015 年 5 月 13 日，微信已经覆盖中国 90% 以上的智能手机，当之无愧地成为移动互联网时代的霸主。它的出现不仅动摇了微博的王者地位，而且也进一步推动了移动互联网的发展，创新了企业的营销方式。

（一）微信公众号

微信公众号是商家、媒体或者个人在微信公众平台上申请的应用程序账号，通过它可以实现与该公众号的订阅用户之间的文字、图片、语音、视频全方位沟通和互动，可以说微信公众号的出现改变了企业的营销方式，已发展成为一种主流的宣传和营销方式。

1.微信公众号的运营方式

微信5.0版本发布以后，微信公众号被区分为订阅号和服务号。订阅号每日可以群发一条消息，且所有订阅号将被折叠在一个订阅列表中，不再有群发提醒，未认证的订阅号不可以自定义菜单；而服务号群发的消息会出现在用户消息列表中，不用认证即可免费申请自定义菜单，但是每月只能群发4条信息。

作为微信商业化的重要环节，微信公众号在连接商家和用户上充当着重要的桥梁作用。针对公众号，微信也逐步开放了很多重要的接口和功能，比如微信支付接口、微信小店、智能硬件接口、账号体系、打通APP等，一步步完善着公众号的生态体系，使其能成为"连接一切"的平台。

微信公众号的运营主体除了传统媒体、企事业单位外，还有一批在移动互联网时代兴起的自媒体人（大多从传统媒体转身或兼任）。截至2015年第一季度末，微信公众平台已经拥有超过800万的公众号，微信公众号已经成为企业营销的一种热门新选择，传统媒体的微信公众号因其原有阅读群体广泛，内容专业性强，是用户订阅和阅读的重要来源。目前，国内主流媒体大都采用"订阅号"的模式进行运营，主要有"以信息推送为主"和"构建用户系统，试水微信营销"两种营销模式。第一种模式，主要还是采取传统媒体"内容为王"的策略，通过在微信公众号每天向订阅用户推送媒体生产的原创资讯或转载的资讯来吸引粉丝关注，以维系和打造自身在移动互联网时代的影响力。一般而言，这些公众号的推送内容是精心挑选的，旨在吸引用户的，也有刊物内容的简介，吸引用户去购买杂志，如《南都娱乐周刊》。然而虽然这种模式的公众号也会涉及跟订阅用户的互动，但是在社交关系的搭建、企业营销上还较弱。第二种模式，则开始用互联网思维尝试构建新的用户系统，将微信视为新型营销工具。其中具体的做法包括：一是要求用户关注微信并且截图分享至朋友圈来抽奖，或者通过朋友圈集赞，给予一定的奖励，这是大部分微信公众号开办之初为了吸引粉丝常用的手段；二是认证的微信订阅号或者服务号可以通过自定义菜单栏，跳转到相应的期刊订阅或者商品购买的网页；三是广告营销，通过结合自身账号定位在推送消息内植入商家信息获取商家的广告费用；四是自愿付费成为会员或者为作者打赏，让用户自愿"打赏"是目前比较常见的一种方式。

2.微信公众号的局限与突破

在微信公众号如火如荼的背后，仍然存在不少问题。诸如内容同质化，缺乏品牌个性；

运营思路老套，互动性和社交性不够；受微信平台的功能限制，比较被动等。

微信公众号自推出至今，已经走过了涨粉的红利期，订阅用户对公众号的敏感程度明显下滑，订阅图文信息的打开率也在下降，这说明微信公众号的运营亟待往精细化方向发展。

首先，要突破内容同质化的情形。微博一度走向衰退的一个很重要原因也是因为同质化信息越来越多，垃圾信息的价值低，同质化的冗余消息让用户产生审美疲劳。虽然微信公众号上的传统媒体的账号，可以有丰富的原创内容作为支撑，但是因为对新闻事件的报道角度区别不大，就容易导致内容上的同质化。因此，媒体的公众号需要体现媒体品牌的个性与价值，善于从不同角度分析新闻事件，给订阅用户耳目一新、不可替代之感。

其次，要转变运营思路，用互联网思维去改进运营方式，真正做到从用户出发，善于利用微信公众平台的用户分析和图文分析数据，掌握用户阅读微信公众号内容的习惯和偏好，才能有的放矢。

最后，还要加强与用户的交流和互动，但不能仅限于简单的线上互动，线下开展粉丝见面会、期刊签名购买等活动也未必不可取。

（二）微信与移动互联网生活方式

微信的出现，不仅改变了人们的交流方式，而且还对人们的生活方式产生了深刻的、持续的影响。

微信被互联网行业视为腾讯公司抢占移动互联网入口的一张船票。在互联网经济中，信奉的是"渠道为王"，认为只要抢占到了用户，就能把应用和服务分发出去，从而获得利润。作为腾讯公司布局移动互联网的重要一环，"连接一切"的野心就已经彰显出微信不仅仅只是一个通信工具那么简单，而是要做用户在移动互联网时代的服务平台。2013年8月，微信5.0版本推出，新增了"游戏中心"和"微信支付"等商业化功能，已经凸显出微信在移动支付和搭建移动娱乐业态的勃勃野心。2014年3月19日，微信支付接口正式对外开放，标志着微信的商业化路径又深入一环。目前，微信支付已实现刷卡支付、扫码支付、公众号支付、APP支付，并提供企业红包、代金券、立减优惠等营销新手段，满足用户及商户的不同支付需求。

此外，腾讯公司入股滴滴打车、大众点评、京东等企业，并将其服务接入微信平台中完善了微信对人们生活服务、O2O服务和网络购物等方面的支持。可以预见在不久的将来，微信支付将成为现实生活中的重要支付手段，而微信所搭建的移动生活方式，也将彻底改变人们长久以来的生活习惯。

第三节 移动通信媒体发展巡礼

移动通信媒体的产生，改变了新闻生产方式，构筑了媒介融合的平台，重塑了人们的生活方式，搭建起人类社交平台和构建智能化生活方式。

一、移动通信媒体的产生及意义

移动通信媒体，指的是通过移动终端（手机、平板电脑及其他手持终端）连接互联网，来获得海量资讯和服务的媒介。

（一）移动通信媒体的产生

移动通信媒体的产生、发展离不开移动通信技术的进步、移动终端硬件的普及、移动应用软件的丰富以及移动互联网用户规模的增长。

1. 移动通信技术的发展

2009 年是移动互联网发展历程中的关键节点。这一年，3G 通信获得正式牌照，手机网民规模达到 2.33 亿，占网民总体的 60.8%。3G 业务实现了计算机、通信、消费电子和内容的融合，为移动通信媒体的发展提供了技术保障。

2013 年 12 月 4 日，工业和信息化部正式向国内三大电信运营商中国移动、中国联通、中国电信发布了 TD-LTE 制式牌照，标志着我国 4G 时代的大幕开启。4G 时代的来临，不仅网络速度得到大幅提升，数据流量的价格也得以降低，使得通过移动互联网能够实现的应用场景越来越多，尤其是为网络视频的发展迎来了春天。

工业和信息化部的数据显示，截至 2015 年 4 月，我国移动电话用户的总规模已经达到 12.93 亿户，其中 3G/4G 用户总数达到 6.44 亿户，3G/4G 技术正在快速席卷与改造移动通信行业，在技术层面保证了移动互联网向前推进。

2. 移动终端硬件的普及

终端设备对上网支持程度的逐步完善也对移动通信媒体的发展起到重要作用。

2007 年，第一代 iPhone 的发布，标志着智能终端序幕的开启。此后 iPhone 不断升级换代，智能机的技术工艺也得以不断提升，iPad、iTouch 等手持智能设备的问世也扩展了移动智能终端的格局。

在国内市场，电信运营商推出的"充话费送手机"或"购手机送话费"等活动也进一步刺激了智能手机用户的增长。国内的智能手机竞争相当激烈，市场经常陷入价格战或配置战中，千元以下的智能手机市场火爆异常，各智能手机终端厂商推出的"饥饿营销"手段经常引发抢购狂潮，其中又以主打性价比的小米和华为表现最为突出。目前市场上的主流手机终端已基本都是大屏幕、支持高速上网服务的智能手机，2014 年中国的智能手机用户总数首次超过 5 亿。

移动终端的普及，为移动互联网的发展提供了硬件支持，终端工艺和技术的提升，也必将提升移动互联网用户的使用体验。

3. 移动应用软件的丰富

移动应用软件，主要指的是智能手机的第三方应用程序，通过第三方应用程序，能为用户提供多元化、全方位的移动互联网应用和服务。国内市场则以豌豆荚、腾讯应用宝、安智市场等最受欢迎。最近几年，App（应用程序，Application 的缩写）的分发成为各个互联网巨头的争夺重点。

目前，比较热门的移动应用主要有即时通信工具、搜索引擎、移动地图、移动支付工具、移动视频、新闻客户端、移动音乐、移动游戏、移动电子商务等类型，移动应用往往成为互联网公司争夺用户的入口，竞争激烈，因此，各类型的应用层出不穷，使得移动互联网的服务和功能愈来愈丰富多彩。

（二）移动通信媒体的发展阶段

移动互联网的发展主要有四个阶段，包括雏形阶段、起步阶段、发展阶段和成熟阶段，目前已经进入成熟阶段。

2000 年以前是移动互联网发展的雏形阶段，移动梦网的推出是其最初的雏形。但是当时的移动梦网只是基于 Web2.0 时代浏览器的一种产物，还是一个封闭的系统，当时的应用都比较简单，主要满足信息浏览和搜索、简单的通信功能。

2001 年到 2006 年，是移动互联网的起步阶段。在这个阶段，出现了很多移动 SP（Service Provider，服务提供商，一般指电信增值业务提供商），这类厂商作为独立门户的出现，使得移动互联网得以快速发展，在这阶段很多 SP 通过与门户网站的合作获得了盈利，移动增值市场的用户总数和收入也不断提升，但这一时期的主要应用也以获取资讯和搜索信息为主。

从 2007 年智能手机的推出到 2009 年 3G 牌照的发放，是移动互联网的发展时期。在这阶段，智能手机开始逐渐普及，移动通信技术不断优化，移动数据流量的资费也开始快速下降，用户对于移动互联网也逐渐熟悉。在这一阶段已经出现了不少独立的移动应用，手机音乐、手机阅读、手机游戏、手机电视等种类的应用不断出现、丰富和普及。

从 2010 年至今是移动互联网的成熟期，移动互联网的发展进入快速发展期，互联网服务商全面接入，移动终端制造厂商也开始通过内置软件或自建生态加入移动互联网领域，电信运营商也通过跟互联网服务商或移动终端的制造商合作，抢占移动互联网市场，用户对移动互联网的习惯和依赖程度进一步加深。整个市场在多方参与者的推动下取得了飞跃式的发展，涌现了大量具有移动互联网特点甚至是颠覆传统互联网、传统行业的应用软件。

二、移动通信媒体的发展推进媒介融合

移动通信媒体的发展改变了新闻生产方式，推动了媒介融合的进程。

1. 移动通信媒体改变新闻生产方式

移动通信媒体的出现改变了传统的新闻生产方式，出现了全民记者化。普通的移动互联网用户，可以通过移动智能设备，即时记载、拍摄生活中发生的突发事件，上传至微博或朋友圈，通过社交圈中的人际传播和转发机制，让突发事件得以呈现在大众面前，成为"业务记者"。

"业务记者"的出现也倒逼传统媒体的记者必须具备快速获取信息关键词和进行信息整合、处理的能力，以专业性来保证自身的影响力。传统媒体更需要依靠多年积累的影响力、独特的新闻视角和鞭辟入里的新闻解读能力，保持并突出自身专业内容和原创优势。同时，还要适应新环境下用户需求的变化和多元化的特点，转变内容运营的思维，实现从传统的新闻思维向互联网思维的转变，即以产品思维、服务思维、数据思维和互动思维为中心。

除了提升专业新闻生产能力以外，传统媒体也应适应互联网快速发展的特点，利用云端存取和挖掘大数据等手段，改变新闻采写方式，用结构化数据来进行新闻的采写，融入新媒体技术和移动终端的特点创新新闻的呈现方式，比如图说新闻、数据可视化新闻和基于移动端浏览特点的 Html5 格式的新闻专题，这样才能保持对用户的吸引力。

2. 移动通信媒体发展促进媒介融合

在移动互联网发展日新月异的条件下，媒介融合的趋势已不可逆转，传统媒体和新媒体的融合也进入了新的历史阶段。

从根本上讲，媒介融合的主导因素有两个。一是技术因素，提供创新和体制机制调整的动力；二是用户需求，提供媒介融合的市场。成功的媒介融合形态正是充分利用技术的推动力，沿着满足受众——用户需求的路径逐步推进。

对于传统媒体而言，要更好地在移动互联网时代发展和生存，就必须以积极的心态迎接互联网。不少传统媒体虽然高喊要进行媒介融合，但是实际上只是想采取"传统媒体为体，新媒体为用"的方式，不改变传统媒体的根本体制和运营模式，而是借助新媒体渠道去获得信息发布的新路径，只是在原有运营模式的基础上画延长线，这并不是真正的媒介融合。

移动新技术的发展，为传统媒体和新媒体之间的媒介融合提供了技术创新的动力和保障。传统媒体应该合理利用移动新技术，不再将移动通信媒体视为一种工具，而应该是与之融合的主体，在内容生产和营销行为上考虑移动互联网的规则和机制，致力于建立有影响力、公信力和权威性的内容，然后利用新媒体平台和资源将内容最大限度地分发出去，获得内容方面的机会，弥补链接的短板。

传统媒体在进行媒介融合的过程中，还必须坚持以用户为中心的理念为指导。在互联网时代，强调的是用户为王，用户的体验、用户的喜爱程度直接关系到一个产品或企业能否获得好的发展。因此，媒介融合要求传统媒体改变以往高高在上的姿态，从为用户解决问题的服务理念着手，真正使得自身的信息发布有价值；需要利用互联网数据和自身积累的数据进行严谨分析，挖掘用户需求；需要加强跟媒体用户之间的互动，彻底抛弃高高在上的自得感和不重视受众的想法，将受众当作用户对待，生产真正符合用户口味的内容。

此外，在跟媒介相关的其他要素方面进行汇聚和融合也是必不可少的，包括媒介的形态、媒介功能、媒介传播手段、媒介的资本所有权和组织架构等。在环节众多的媒介融合的产业链上，传统媒体绝不能仅仅满足于做好一个内容提供商的本分，而应该努力学习、吸纳新媒体的技术特性，往产业链的上下游方向延伸。

三、移动互联网搭建人类社交平台

移动互联网的发展为用户塑造了新的生活方式，搭建人类社交平台，智能化和娱乐化也成为移动互联网用户的生活新体验。

智能手机的发展，使得人们的交流可以突破时间、空间的限制，实现随时随地的联系。

通过各种第三方应用软件，可以与远方的同学、朋友、亲人甚至陌生人共享文件、音乐、图片和资讯。微博、朋友圈等基于熟人关系的社交网络的兴起，以及陌陌、探探等基于陌生人交友的社交软件的风靡，让移动互联网时代的虚拟社交越来越成为人们生活的重要方式。

社交性又带来新的内容生产和传播方式。甚至可以说，社交性已经成为当今新媒体内容发布的起点。用户化身为社会化媒体的主角，他们利用社会关系来进行新闻信息内容的生产、传播和接收。无论是进行原创内容的创作，还是对已有内容或专业媒体内容的加工、整合，都是基于用户自身的兴趣和需求而来的。由于拥有较稳定的社交关系，因此他们往往可以使得自己原创或加工的内容更容易得到受众的认同，也就更加容易实现广泛传播。基于社交关系的黏性和可靠性，也兴起了许多新型的营销方式，如微商等。此外，智能化的穿戴设备也给移动互联网用户提供新的体验。谷歌公司 2012 年发布了一款"拓展现实"眼镜 Google Project Glass，这款眼镜具备和智能手机一样的功能，可以通过声音控制拍照、视频通话和上网等，这款智能设备的出现也带动了一系列可穿戴设备的研发。像小米公司发布的小米手环可以监控睡眠状态和运动情况，还有其他等定位于记录生活习惯、进行健康管理的智能腕表等。

可以预见的是，未来智能化的设备将越来越多，而这一切必将推动人们的生活进入智能化体验的新时代，从而改变人们的生活方式。

不可否认，在移动互联网时代，娱乐仍然占有重要地位。随着移动智能终端的不断革新，通信技术的支持和数据流量资费的下降，人们对网络视频、网络阅读、网络游戏的需求量也在不断提升，主打休闲时间的移动游戏如"天天爱消除""全民打飞机"等都曾风靡一时。并且随着移动智能终端性能的提升，一些大型游戏也可以在移动端进行，这使得娱乐化趋势在移动互联网时代也十分明显。

第三章 新媒体产业、内容及技术

第一节 新媒体广告

新媒体广告,顾名思义,就是新媒体上的广告。随着数字技术的发展,因特网、移动电视、移动通信等得以快速发展,信息传播发生了重大的改变,广告业运营呈现出崭新的面貌,广告主和广告公司对于新媒体广告给予高度关注,但新媒体广告毕竟是新事物,人们对它的认识和实践尚处于摸索阶段,故认真研究新媒体广告成为摆在人们面前的重要课题。

一、新媒体广告的发展

新媒体广告的发展,主要分为早期的网络广告、富媒体广告和数字媒体交互广告三个阶段。这三个阶段不完全是顺次衔接、相互取代的关系,而是在一定时期内并行不悖发展。

1. 早期的网络广告

早期的网络广告,是较早出现的新媒体广告形式。它伴随着网络的发生发展而出现在人们的生活中。网络广告即指依托网络技术,通过网络进行传播的广告。当然我们这里指的网络广告,是指早期传统意义上的网络广告。现今通过网络传播的广告种类繁多,运营成熟,而早期网络广告的特点:广告形态比较单一,信息承载量小,传播互动性差等。

2. 富媒体广告

随着网络带宽的扩展以及数字技术的发展,富媒体广告形态出现在人们的视野中。富媒体广告(Rich Media),具有整合媒体的特性,它集合了视频、音频、动画图像等多种传播介质于一体,符合"富媒体"名称的特征。这种广告能够实现信息传播的双向性,增强了与用户的交互性。它与早期的网络广告相比,具有信息量大、主动性强、表现形式丰富、高效传达、检索便捷、数据统计方便等优点,受到广告主和广告商的青睐。

3. 交互广告

随着社会的发展,Web2.0 交互技术的应用使交互广告得以快速发展。交互广告,主要侧重于广告的交互性,随着技术的发展,广告主体可以在发布广告之后,通过一些数字交互媒介,消费者可对宣传的产品、服务或观点进行反馈,从而增加产品销售或增强品牌形象。交互广告具有受众体验度高、互动交流便捷、即时性强、交易支付方便等特点。

二、我国新媒体广告的发展现状

新媒体广告是以新媒体为平台，以数字传输为基础，可实现信息即时互动的产品和品牌传播行为。在新媒体环境下，多种媒介符号可以同时使用，文字、图片、声音、影像、动画等可以在一个平面上通过数字技术呈现出来，大大增强了广告的富媒体性。广告制作方法已经发生了翻天覆地的变化，广告的内容和种类大大增多。目前在互联网以及手机媒体上的广告包括网络环境广告、搜索引擎广告、网络视频广告等。新媒体广告市场的拓展也为新媒体的发展提供了经济来源，并且随着技术的进步、网络基础设计的不断完善以及消费市场的成熟，新媒体广告将逐步超越传统媒体广告。

国内外学者对新媒体广告有不同的分类，随着互联网技术的发展，新媒体广告类型本身也在不断创新。根据目前各种类型新媒体广告的影响力，以下对新媒体广告进行一一介绍。

1. 网络环境广告

网络环境广告，也称网络发布式环境广告，指以互联网为平台，借助数字技术，通过图文或多媒体方式发布的广告。这类广告是最接近于传统广告发布模式的新媒体广告，可以说是传统媒体广告形式在新媒体平台的发布。因此这类广告在互联网媒体发展初期是占统治地位的广告类型，早期的互联网媒体如门户网站主要依靠网络环境广告。

网络环境广告具有直观性特点。主要以产品和品牌信息的发布和告知为主要目的。当用户打开网站时，可以直接浏览到发布在网页上的广告，是网络信息环境的一个重要组成部分，从某种意义上来说，和报刊媒体的页面广告、户外媒体的电子屏广告以及电视媒体的插播广告属于同一类型。

网络环境广告具有信息接收的强迫性特点。用户打开互联网网页时，大部分都不是出于浏览广告的目的，就像看电视节目一样，然而网页上的广告已和网络其他信息融合，在浏览新闻或其他信息时很难不注意到广告。这种不是出自用户自愿但是仍然发生的行为是一种被动行为，具有强迫性特点。这也是网络环境广告与传统媒体广告相似之处。

网络环境广告也具备深度互动的前导性特点。这一点是传统广告无法做到的。当互联网环境广告被用户关注时，用户产生兴趣，并且利用网络的超链接性可以获取进一步关于产品和品牌的信息，并且进行在线的咨询和交流。网络环境广告起到一种引导作用，一个产品或品牌通过环境广告抓住了用户注意力，就像一本书的前言，吸引人进入阅读一样。

网络环境广告主要包括旗帜广告、按钮广告、竖边广告、通栏广告、巨幅广告、全屏广告、网页视频广告等。

2. 搜索引擎广告

随着谷歌、百度、搜狐、新浪、雅虎等搜索引擎逐渐成为人们生活中的一部分，通过搜索引擎或网站推广发布的广告信息越来越深入人心。很多人大量地使用搜索引擎来选择、识别、抓获信息，搜索引擎的浏览量已超过门户网站。在这种情况下，搜索引擎平台成为新媒体广告关注的重点，因为比起网络环境广告来，这种广告的主动性强、用户细分度高、浏览量和到达率高。

搜索引擎广告包括关键词竞价排名、付费展示、内容相关定位广告等。利用用户搜索关键词而分辨出用户所需要的信息类别，从而在页面一侧显示出和关键词相关的企业链接，一般利用纯文本链接的形式，对有效传播广告信息起到很大的作用。在此基础上，搜索引擎提供商开发了关键词竞价排名广告形式，一个核心理念是广告信息与所处场景的内在逻辑性，即当用户搜索某个关键词时，相关的产品和品牌可以被检索出来排在检索结果的前列，当然这些产品和品牌是付出了高昂费用的。

随着搜索引擎在广告发布业务上的兴盛，面对行业版图的改变，传统广告业面临巨大的考验。但目前搜索引擎有能力构建中小企业广告发布平台，对于大客户却只能起到辅助作用，大品牌还是需要坚守以传统媒体为传播基点。

3. 手机广告

随着移动互联网在信息传播技术上的进步以及移动终端在信息接收和传播效果上的提高，特别是 4G 技术的普及，使得手机广告具备了广阔的发展空间。中国手机无线广告市场已经进入成长期和快速发展期。由于手机以及其他移动终端设备在移动性、交互性、私密性和多媒体等的优势和特色，手机广告通过短产品推广、优惠促销、活动营销等方式，成为有效集成资讯、娱乐、服务、教育等多项功能的新兴媒体，吸引了大量受众，正日益成为广告商的新宠。

手机广告有几种模式，如传统的手机短信广告，是一点对多点的非精准传播，传播内容比较简单，以文字为主，传播效果一般；手机上网广告，比如 Wap 上网以及现在的 4G 上网，在网页上投放专门适合手机用户的广告；以及手机和传统媒体的互动营销，利用手机的自媒体性和移动特性，开展商品和服务的营销活动。

手机广告是互联网广告的延伸和创新，优越之处在于移动性、分众性和及时互动性。由于手机是随身携带的通信和媒体工具，广告信息可以随时随地到达用户，大大提高了广告的到达率。由于手机是人手一机，其身份的识别性很强，从而为广告信息的个性化发送和精准的受众定位提供了可能。由于手机具有交互功能，手机广告是互动的信息传播，而不是单向传播。

早期的手机广告主要是短信广告，以文字为主，彩信为辅。信息的容量有限，形式单一。短信广告"一对一"传递信息，强制性阅读，时效性强，有高阅读率。在媒介与人接触的有限时间中，能提高人与广告的接触频率。另外传播不受时间和地域的限制，发布费用低廉。

随着移动通信技术的发展和移动互联网的建立，互联网逐步与手机融合，手机上网功能大大加强。手机网络广告即针对用户的使用习惯进行设计。比如雅虎令人耳目一新的一键搜索（OneSearch）手机搜索模式，即是把网页搜索变为内容搜索，以此放入更多的契合用户需要的信息。即对手机用户提供了多种类但每种类少量的内容推送。产品广告是内容推送当中的重要组成部分。从形式来看，手机网络广告与一般的互联网广告区别不大，实际上有着很大的创新，具有更好的互动性和可跟踪性，可以针对分众目标，提供特定地理区域的直接的、个性化的广告定向发布。

手机互动营销，指利用手机微博和微信等主要传播平台，直接向目标受众定向精准地传递个性化即时信息，通过与消费者的信息互动达到市场沟通的目标。手机不仅是产品或品牌信息的传播渠道，而且是与产品和品牌营销相关的互联网应用传播工具。这里包括手机支付、手机购物、手机订票、手机钱包、手机公关、手机微博、手机搜索等。手机互联形成一个完整的产品、服务和信息流体系，包括每一个参与者及其起到的作用，以及每一个参与者的潜在利益和相应的收益来源和方式。手机营销逐渐走向融合，这主要体现在终端的融合、网络的融合以及业务内容的融合上。

4. 网络游戏植入广告

网络游戏作为一种娱乐媒体，拥有广大的受众。基于虚拟性、互动性和身份替代性，用户花费大量的时间与金钱在网络游戏上，形成一个信息传播平台。比如美国总统奥巴马在竞选时，充分注意到网络游戏平台拥有大量受众，在 NBA 等体育网络游戏加入其竞选口号和内容，引起游戏玩家的重视。再比如可口可乐公司为了开拓中国市场，与在中国拥有大量用户的魔兽世界合作，将其产品标识植入到游戏内容当中，甚至于将其代言人的卡通形象也加入到游戏当中，因此当我们在游戏中看到穿着可口可乐红色战袍的刘翔以及李宇春时，就能联想到可口可乐。再如国内盛行的抢车位游戏，在游戏中大量的品牌信息清晰地通过游戏面板呈现在玩家面前，并且通过新车快报的链接，玩家可以在论坛中了解并讨论各品牌新车型的性能及优势。

此外，中国的广告代理商也做起了游戏内置广告。如跑跑卡丁车，一个游戏场景中有很长的跑道，两旁有很多的广告牌，具有很大的广告价值。这样，广告信息在同一场景不断重复，能够很好地加深玩家对产品品牌的印象。当然，所有的内置广告都要在不影响游戏的前提下进行，这有赖于资源、技术、平台的发展。

5. 电子触摸屏

作为互动多媒体的电子触摸屏较传统媒体更能适应信息互动、实时、全方位传播的要求，具有操作简单、直观性强等优点，并将人机交互变为现实，增强了广告的互动性。

现在，越来越多的电子触摸屏出现在广告展示会上，带来了很好的广告传播效果。如许多房地产公司把楼盘的广告以及具体的价位、户型、地段、绿化、物业等售楼信息展示在电子触摸屏上，供购房者随时查询。

三、新媒体广告的特征与存在的问题

1. 新媒体广告的特征

随着新媒体技术的发展，新媒体广告形态越来越多样，越来越引起人们的关注。新媒体广告具有以下特点。

（1）互动性。和传统媒体广告相比，新媒体广告的互动性是最基本的特点，也是最重要的特点。新媒体广告的一大优势在于它的"双向传播"，它能够实现广告信息的交互。受众通过新媒体平台接触到广告，它可以选择是否阅读这则广告，除此之外，受众还可以对新媒体广告进行反馈，也可以和广告主进行信息交流。广告主可以通过广告了解受众的信息、需求等。

（2）跨时空性。发布于报纸、杂志等传统媒体上的广告，往往会受到传播时间和地域的限制，使得传播范围小，传播效果受到限制。新媒体广告则不受时空限制，可以实现在全球范围内传播，而且只要具备齐全的上网条件，在任何地方都可以实时在互联网上接收广告。

（3）灵活性。报纸、电视等传统媒体的广告一旦投放，不易更改，成本费用较高。但是新媒体广告改变了这一状况，如果在新媒体上投放的广告出现了什么问题，往往可以及时修改更新，具有很好的灵活性。所以，新媒体广告相较于传统媒体广告更灵活，而且在广告内容和形式上可以做到及时更新。

（4）多样性。传统媒体的传播方式是信息发布者到受众的单向线性传播，静态的传播方式使得信息缺乏流动性，受众只能无条件地被动接受，没有信息的反馈。而新媒体广告的传播方式呈现多样性，包括一对一、一对多、多对一、多对多等，传播方式的多样化，使得传统的信息发布者和受众之间的界限变得模糊，两者的身份既可以转换又可以叠加，还可以彼此互动。

（5）碎片化。新媒体时代信息本身呈现"碎片化"特征，这种"碎片化"既有表达方式的碎片化，又有时间被割裂后导致的碎片化，还有因为新信息和旧信息交替换代形成的碎片化。新媒体传播形态的极度细分化和碎片化，加大了媒体传播的难度。网络就像一个浩瀚的信息海洋，门户网站、博客、贴吧、微博、微信、手机 App 等各类新媒体就像一个个信息岛，面对这样庞大的信息处理场，如何精准地对媒体进行把控，如何对自己的产品和服务乃至企业本身进行整合营销，都是企业必须面对的挑战。

（6）融合性。尽管新媒体时代是大势所趋，但是新旧媒体还存在着相互依赖的关系，新旧媒体还是相互依存，互为补充。电视、报纸、杂志和广播这样的传统媒体依然在社会上发挥着巨大的影响力，而这些传统媒体也在进行自我进化，比如网络电视、电子杂志、电子报就是它们向新媒体进化和渗透的结果。所以从宏观来看，新媒体广告和旧媒体广告还是相互依存，共同存在于人们的生活中；从微观来看，这种融合性还体现为新媒体广告集图文音像各形式于一体的融合特征上。

（7）软性沟通。这是新媒体引发的传播沟通方式变革。不仅表现在企业更加广泛地采取非广告形式，比如企业在网络传播上直接大面积、频繁地投放硬广告会引起受众反感，吃力不讨好，就可以尝试制造一些热点话题或者设置一个病毒式营销点爆网络，如此一来可能会获得意想不到的传播效果。企业的传播方式应该更多地学会"软着陆"，这也是新媒体本身的互动性所要求的，这种"软着陆"方式可以使品牌传播效果最大化，甚至能够实现品牌的网络自传播。

2. 新媒体广告存在的问题

在当前，新媒体广告行业呈现出高速发展的势头，但在这种发展态势中，我们也发现新媒体广告存在一些问题。

（1）同质化严重。新媒体广告最大的特点就是广告信息发送量大。新媒体广告业主为了将广告信息更加丰富立体地呈现在目标受众的视野里，通常会不遗余力地通过各种形式进行整合发布，比如通过网幅广告、文本链接广告、邮件广告等进行传播，传播时往往过于侧重形式而忽略内容，注重数量而忽视质量，导致广告缺乏创意，内容单调，同质化严重。

（2）可信度较低。现在有些新媒体广告，比如像网页上和手机推送的小广告，制作简单，但是内容比较单调乏味，而有些小游戏广告，内容黄色粗暴，容易引起受众的抵触或反感。受众在打开一些门户网站时，有时候会在网页上发现五六个广告，有些弹窗广告让受众应接不暇。各种广告信息纷繁复杂、五花八门，其中不乏虚假广告，久而久之，新媒体广告在受众心目中的可信度降低。

（3）个性化较弱。当前社会，受众千差万别，主要表现为差异化、对象化、具象化的特征。年龄、性别、学历、身高、收入都成为一个个体区别于其他个体的差异性特征。每个个体都依照自身的生命体悟对信息进行适合自身诉求的筛选。在这种情况下，我们更需要为每个千差万别的个体提供符合差异化要求的使用价值和接受价值，让受众更好地和商家实现互动、互惠、互利、互赢。

（4）效果难测。限于技术上的壁垒和短板，对于新媒体广告效果的实时汇总分析等涉及第三方监测数据处理的问题，目前尚无更好的解决办法，许多新媒体仍然参照传统媒体走"按展示付费"的老路。就企业自身而言，企业对新媒体广告投放机构是否将他们投入的广告送达到目标消费者、消费者是否看到广告等问题根本无法获得准确答案，而是否提升了品牌知名度、是否促进了产品销售更是无从知晓。

（5）技术制约。新媒体广告对于媒体的依赖特别明显，如果没有网络基础，没有一定的数字技术，新媒体广告的制作及传播就会受到影响，所以一定的技术条件，对于新媒体广告的正常呈现非常重要。同时也说明新媒体广告的发展将受到技术的制约，并且会随着技术的发展而不断发展。

第二节　新媒体产业及其发展

一、新媒体产业的内涵与特征

目前，以互联网、手机、数字电视等为代表的新媒体，已经成为当代媒体的重要组成部分，在传媒产业中的份额也不断扩大，将其作为载体的各种文化内容也不断涌现，从而刷新、改变着当代文化产业的整体格局。大卫·赫斯蒙德夫（David Hesmondhalgh）在《文化产业》一书中说："在有关文化产业延续与变迁的任何一本书中，新媒体绝不可能是次要部分。"新媒体产业势必成为当代文化产业中不可忽视的重要部分，成为我们不得不予以重点关注的对象。

顾名思义，新媒体产业就是将新型媒体进行相应的产业化，新媒体产业的定义我们也可以尝试从"新媒体"的概念上入手，新媒体产业的内涵就是指：以数字技术、计算机网络技术和移动通信技术等新兴技术为重要依托，以网络媒体、手机媒体、移动电视、楼宇电视等新型媒介为主要载体，通过工业化标准进行物质生产和再生产的部门，以服务普通民众为主要目的的内容提供产业，同时也发展成为文化创意产业的重要组成部分。从概念的外延来看，新媒体产业的范围足够宽泛，我们可以从横向和纵向来划分。

横向来看，根据媒体形态的不同，新媒体产业分为两个部分。第一部分是以网络媒体产业、手机媒体产业及互动性电视媒体产业为代表的新兴媒体产业；第二部分则是以楼宇电视产业、移动电视产业为代表的新兴媒体产业。当然，第一部分的新兴媒体产业能够进一步细分。网络媒体产业包括门户网站产业、搜索引擎产业、网络社区产业等；手机媒体产业可细分为短信产业、彩信产业、彩铃产业、手机出版产业、手机广播产业、手机电视产业等；互动性电视媒体产业又包括数字电视产业和 IPTV 产业。

纵向上，从不同的盈利模式考虑，新媒体产业可划分为新媒体广告产业和内容产业。广告业务是当前传媒行业的基础业务，新媒体产业的广告业务与传统传媒的特征相差无几，向各类大小企业收取广告费用。新媒体之所以新的原因是因为它具有新的媒体形态，具有互动性、个性化等特点。新媒体产业盈利模式不同于传统媒体产业，主要是以新媒体为依托，制作、发布优质内容和增值服务，收入是通过优质内容的提供、增值服务的提供等向用户收取费用。其中内容产业占主体，广告产业处于依附地位，随着新媒体产业的不断发展，内容产业的比重还会继续增加。

新媒体产业链中所包括的各类行业和企业的数额巨大，并非单独依靠一个企业能够形成和发展的。海内外众多企业都曾经企图利用自身的发展在全网络上构造整个新媒体平台，希冀把全行业的新媒体利益收入囊中，最后的结果自然是无疾而终，20 世纪 90 年代末期微软的金星（VENUS）计划便是一个典型案例。新媒体行业的发展需要联合全行业的企业形成产业链，单独依靠单个企业的发展是不现实的想法，新媒体内涵和外延的不断扩展，发展了更多的新媒体企业，将资源有效整合，形成成熟的盈利模式，构造新媒体行业独特的价值链条，实现新媒体行业、企业的价值。

文化创意产业的发展离不开新媒体产业的发展，文化创意产业必定有新媒体产业的一席之地。与其他行业产业特征相差无几，新媒体产业囊括了所有其他产业的共同要素和优势。我们在此利用产业经济学的概念进行分析，"产业"在范围上属中级经济学的概念，它指具有某些相同特征或共同属性或生产同一类产品的企业、组织、系统或行业的组合。

新媒体产业与其他产业相同，也有经济学特性。

（1）集群性。产业中的唯一企业不能称为产业，按照特定的规则聚集起来的企业和组织，并同处于同一产业链条上的企业相互联系，也就被我们认为是产业。内容的提供商、运营商都是新媒体产业链中的企业。通过利用产业链上的联系，集聚大量的同类型的上下游企业，以此降低全行业成本，促成全行业的规模经济的形成，吸引更多的资源进入到新媒体产业中来。

（2）增值性和循环性。大量同类型的企业聚集在同一产业链条上，将上游的新媒体产业中内容制作方的优质内容和下游新媒体行业中的平台运营、内容传播有效结合，形成一个商业闭环，构成了完整的产业链条。各产业价值链环节进行物质、信息、资金的转换，实现了内容传播的增值，也推动了内容水平的升级，进一步推动新媒体产业的发展。

（3）生产性是新媒体产业的又一特性。大多数的内容产品在新媒体行业中属于无形产品，它通过对思想、文化、意识形态等的整合、加工和重构，衍生出各类无形内容，传递社会的正确价值观，实现内容的增值，为全社会创造价值。新媒体产业不仅具备了产业的普遍特性，同时也包含了自己的特性，依赖自己的特殊属性，新媒体产业能够简单区别于物质生产部门。

新媒体产业与传统媒体产业的明显区别就是媒介融合性。新媒体产业聚合了全行业的明星企业，积极发展时代要求的产品。而新媒体产业的未来发展与产业融合也息息相关，"融合"是新媒体产业与生俱来的特性，也是推动新媒体产业向前发展的中坚力量。区别于传统媒体产业的特点，我们发现新媒体产业的竞争性、变动性是其他行业所无法企及的。

竞争性可以说是任何行业的产业形态特征，同样也适用于新媒体行业，竞争性在新媒体产业的体现就是上下游产业链各类型的新媒体企业之间不断渗透、整合，推动了产业链各环节企业的竞合重组。融合性、竞争性和变动性的相得益彰，相互配合，使新媒体产业形成了自己内在的不稳定性以及与时俱进的变动性。当前来看，变动性还是有良性作用存在的。新媒体行业只有紧紧依靠不断优化、调整的市场策略，才能适应整个行业的产业结构变化，进一步地符合新媒体产业全行业的市场竞争需要。

新媒体产业在表现出强烈的融合性、竞争性、变动性以及不稳定性的同时，我国新媒体产业近期的发展还表现出以下具体特征：

（1）移动互联市场呈现爆炸式增长，各类 APP 产品数量大增：从 2011 年开始，我国移动互联网发展速度惊人，直接表现在用户规模上，PC 端的互联网发展速度明显慢于移动端的互联网发展。智能手机市场的快速发展带动了移动互联网的发展，而移动互联网的进步同时也依赖智能手机上各类应用的出现，满足了大众用户从学习到生活的各类基本需要。智能手机与移动互联网的融合创新是新媒体产业发展的未来，越来越多的企业，正在加大力度投入应用程序的开发，并与运营商达成合作意向，希望成为新媒体行业的引领者。

（2）社交媒体的大繁荣、大发展，进入"交互"的时代：社交媒体的蓬勃发展成为互联网行业新的增长极，更多的人投入更多的时间成本使用社交媒体。在"交互"时代，普通大众都可以成为新闻的制造者、传播者，也获得了相应的话语权，社交网络化也刚好迎合了个人传播的需要。社交网络凭借自身交互性的特征，实现了很高的自由度，新媒体的快速发展有赖于此，人们不仅仅限于在门户网站的各类信息，开始更多地积极在社交媒体上发表自己的意见和建议。

（3）发展开放平台，坚持走服务创新的道路：新媒体企业不断顺应网络前沿发展的需求，在服务创新上全面发力，不仅在新闻传播上，而且在视频制作等各方面全面发展，努力构建多种类型服务的便利化平台。厂商将制作出来的丰富内容投放给平台，实现用户方和平台方多方利益的分成，平台中的第三方应用能够实现平台内容的多样性。不仅利用了自身互动性优势，也促进了平台价值升级，进一步维护了良好的用户关系。

二、新媒体与社会文化消费

新媒体时代是一个"去中心时代"。在这种传播环境中，没有中心节点，没有核心媒介，也没有自上而下的传播方式，新媒体实际上是一种互动型、参与型、平等的媒体形式，它摆脱了一点对多点的传统传媒形式。这种传播方式带来了价值观的改变，主要体现在人的自由性、特殊性和分众性，强调个性的张扬，观点的冲突，不调和、不妥协，没有权威，也没有长官意志。新媒体传播时代，信息传播没有永恒的中心，每个个体都可能成为这个时代信息传播的亮点。

新媒体文化的"新兴"关键在于它较之传统媒体在传播上更便捷、更交互、更人性化。文化信息在快速便捷的传播过程中，随时夹杂着传播者与受传者的自我意识与个性表达。于是，新媒介文化所营造的自由、平等、个性的文化氛围，打破了文化传播"等级"的限制。

新媒体文化是一种复合文化。新媒体文化的"复合"主要体现为多种文化样式的融合与文化传播功能的多重包容性。新媒体文化样式的多样性发源于其技术的多媒体化。这种多媒体最重要的特征，乃是多媒体在其领域里以各式各样的面貌，容纳绝大多数的文化表现。它们的降临终结了视听媒介与印刷媒介，通俗文化与精英文化，娱乐与信息，教育与宣传之间的分隔甚至是区别。于是，在复合的新媒体文化下，我们可以通过手机来观看电视节目或是读报，发送信息为自己喜欢的"超女"投票；可以通过网络对某一事件发表个人观点，进行人肉搜索，选举网民自己心中的人大代表，或者是通过网络视频点播个人喜欢的文娱节目；还可以在数字电视平台上，选择付费电视节目、参与游戏、点播歌舞等。在多重文化样式交互结合时，所谓的大众与精英、文教与娱乐都被置于一个平等的平台上，激烈的争论背后是相互距离的拉近。

新媒体文化是一种大众化背景下的分众文化。国内部分学者认为新媒体文化是大众文化在新媒体领域内的扩张。也有人从新媒体特性出发提出：它是一种以个人为指向的分众媒体而非大众媒体，传播模式是窄播而非广播。笔者认为，新媒体文化从传受者的角度出发，更应该归于一种大众化背景下的分众文化。

新媒体文化以不同形式表现出来，以下试举数例。

社交网站起源于美国，旨在帮助人们建立社会性网络。它是以六度分割理论为依据的，所谓六度分割理论，简单地说，就是你和任何一个陌生人之间所间隔的人不会超过六个，也就是说，最多通过六个人你就能够认识任何一个陌生人，这是哈佛大学的心理学教授斯坦利·米尔格兰姆（Stanley MilGram）所提出的。社交网站正逐渐成为继博客之后一种流行的互联网交往方式，中国的社交网站已经拥有过亿用户，它与博客那种以文会友的方式有所不同，它更接近于现实生活中人们的交往，在人的一生中会遇到很多人，而在同一时段他所接触的人是有限的，对于曾经所认识的朋友没有经常的联系，那么这些人就将成为记忆。而社交网站，恰恰能够弥补这点，但是它是靠一种虚拟方式，一些小型的游戏，文章、照片、视频的互动，利用网络的共时性，给每个社交网的成员造成一种与其他人紧密联系的感觉，而且它不用专注于经营自己的信息记录，在博客中如果缺少吸引人的信息，在这个圈中就会慢慢沉寂，而社交网站通过更简单的方式使人们保持联系，更加符合当下社会的特性。

当然这种虚拟化的生活不可避免地存在局限性。首先表现在对于现实生活动力的削弱上。网络社区的生活归根到底是一种休闲方式，与压力重重的现实生活相比，在这里更容易获得满足，无论是成功感还是关注感，而当过度沉溺于获取这些满足的时候，就可能会削弱人们在现实生活中的动力，成人常常痛心于孩子沉迷网络游戏而荒废学业，但是孩童的这种心理状态并不会随着年龄增长而简单地消除，特别是在巨大的社会压力面前，这种心态会在某一时间或者某种状态下爆发出来，而虚拟的生活成为一种基础和依赖。

微博与手机信息传递具有快速化和简单化特征。微博的内容只是由简单的只言片语组成，从这个角度来说，对用户的技术要求门槛更低，而且在语言的编排组织上，也没有博客那么高，只需要反映自己的心情，不需要长篇大论，更新起来也更为方便，和博客比起来，字数也有所限制。微博的开通使得大量的用户可以通过手机、网络等方式来即时更新自己的个人信息。微博正成为比博客更加受欢迎的信息记录方式，它承载信息的简单性加之手机网络的便捷性，使得人们更容易达成不同地域的共时性，这种共时性，不仅可以使人们在平时能够及时了解他人的情况，在特殊时刻或紧急时刻也能使信息更快地传递开去，后者在政府应对特殊事件时会有更重要的意义。

当然微博与手机的这些特点从另一个角度来解读也是它的局限，随着传播技术的发展，人们的阅读习惯逐渐没落，许多学者对此极为关注，在他们的眼中，这种习惯的没落意味着人类思考的肤浅化，而微博是当下成为这种肤浅化的最大担忧。它一方面改变了人们记录信息、传递信息的习惯，但同时也削弱了人们认识世界的能力。在一定程度上，信息所蕴含的思想是与其体积成正比的，而更重要的是它形成的时长和深度也是与其体积成正比的。学者们所担忧的肤浅化，并不是单单针对字数上的减少，而是由于字数的限制，使得人们不再需要进行长时间和深入的思考，这将影响人们思维方式的深度和广度。

第三节　新媒体运营与管理

一、新媒体运营及盈利模式

新媒体提供了电视剧和电视综艺新的播出平台，时下许多广电集团的节目除在电视频道播出外，常在集团网站提供视频节目点播服务，或者在电视频道和集团网站同时播出，同时授权视频网站播出，而视频网站的独家播出需要买下网络播出版权，为电视节目的二次创收带来了利润空间，如浙江广电集团的明星秀节目《奔跑吧！兄弟》既在电视频道播出，又通过集团网站新蓝网播出，同时授权视频网站播出，其单期节目信息网络传播权一年授权使用费高达 2 300 万元，产品冠名广告费达到 2.3 亿元。

台网联动是影视剧市场近年的热门话题，电视剧的版权不仅向电视台出售，而且向在线视频网站出售，参与市场竞争者增加，电视剧版权价格上扬，促使电视播出平台与网络播出平台携手合作。

不仅电视机构的制作内容通过新媒体平台运营推广，新媒体的制作内容如网络综艺和网络剧也进入电视播出平台，新媒体进入内容生产领域，为传统媒体供给内容。观众的另一个称谓是用户。从早期的传统媒体内容的运营平台到新媒体深度介入节目制作和运营，新媒体向上游延伸，已经成为打通内容产业链上下游从投资、制作到发行推广所有环节的内容生产和运营平台。

网络剧的生产常常是传统影视制片机构与在线视频网站联合摄制，视频网站采取明星IP 制造战略，批量生产现象级的类型片，例如 2017 年阿里文娱旗下的视频网站优酷独家播出的类型片《春风十里，不如你》，优酷是联合出品方之一，聚集了人气和高流量，提升了网络剧的制作水准，赢得了用户口碑。电视剧与网络剧在未来可能没有区分，因为投资方不限于单一制片机构，播出平台也不限于单一平台，播出方式可以是台网同步播出，也可以先台后网，或者反之。内容生产的资本运作方式和平台趋于多元。

新媒体广告是盈利来源之一，随着新媒体形式的创新，新媒体广告投放渠道扩展，如社交媒体、微视频、网络视听节目、网络直播平台等。新媒体通过在网络剧和网络综艺中深度植入广告，进行精准广告推送和个性化营销，新媒体广告市场份额逐渐扩大。如在安徽卫视、江苏卫视和优酷播出的《军师联盟》，优酷播出时采取冠名及赞助、前贴广告、创意中插、压屏条、弹幕广告、前情提要、精彩预告等 7 类大剧营销广告形式，使广告收入节节攀升。

网络综艺在 2017 年异军突起，电视综艺节目如《极限挑战》等内容的影响力依然存在，在线视频网站通过电视综艺的网络播出版权继续吸引流量，同时采用明星策略，开始自制综艺节目。新媒体平台在影视产业制作的话语权逐步增加，成为内容生产的又一个重要来源，产能强大。知名视频网站纷纷加大对网络综艺制作或播出的投资力度。腾讯视频播出音乐节目《明日之子》以及脱口秀节目《脱口秀大会》，优酷出品的知名主持人梁文道的《一千零一夜》以及窦文涛的《圆桌派》、爱奇艺出品并播出马东、蔡康永加盟的《奇葩说》，各类综艺以知名人物为中心，生产了具有强烈个人风格的内容。

网络综艺投资的加大，吸引了专业电视制作团队的加盟以及一线电视主持人、明星的加入，制作规格和水准大大提升。2017 暑期爱奇艺制作并播出的音乐选秀节目《中国有嘻哈》，制片人是电视节目《中国好声音》的总制片人和《蒙面唱将》总导演。《约吧！大明星》的制片人曾制作过电视热播综艺《爸爸去哪儿》。优酷与银河酷娱出品、快乐全球传媒联合出品的《火星情报局》制作班底部分来自电视综艺《天天向上》。

网络综艺从 2007 年起步，起始阶段制作数量和质量远不敌电视综艺，到如今反超电视综艺市场，不过十多年的历史。网络综艺涌现出一批王牌节目，某些类型的综艺如脱口秀节目在电视平台播出反响平平。而在网络平台上，网络综艺脱口秀节目如《脱口秀大会》热度不减，网络综艺定位群体以年轻网民为主，携带了网络媒体的天然基因，脱口秀节目的话语表达更为直接和锐利。

新媒体运营盈利方式较为多元，不但与传统媒体合作，制作和播出内容产生盈利，还采取视频付费制度，提供付费收看产品。年轻用户是视频付费的主体，90 后和 00 后的群体对于付费观看的方式较为接受。为付费用户提供更多更优质的内容，扩大付费用户规模是当前新媒体运营的主要手段之一。用户付费盈利模式不局限于网络视听市场，网络游戏企业盈利来源之一也是网络玩家充值，以法定货币购买游戏虚拟货币，或购买玩家竞技能力的虚拟道具，或购买增值服务。

网络制作节目的播出形式创新，直播曾经是电视吸引观众的有效策略，而网络直播平台的崛起为网络综艺节目提供了平台，如斗鱼直播播出《饭局的诱惑》，综艺节目与用户即时互动的优势更加明显，用户参与度和用户体验不断改善。

基于优质内容的衍生品发掘是利润来源之一，新媒体的运作通常建立在前期圈住了大量用户的基础上，对于用户消费习惯和内容偏好是有天然优势，基于用户分析，生成用户画像，采取差异化营销战略，对特定群体进行针对性投资和制作视频内容，满足不同群体的需求。例如，优酷的综艺布局就是以女性和年轻人为主要定位人群。同时，网络零售业以及电子商务平台的成熟也为新媒体内容衍生品的售卖提供了商业基础。因此，新媒体运营通常采取联动运营模式，大力开发成熟 IP 的价值，进行 IP 预售的衍生品生产，例如根据热门网络文学作品投资制作的网络电影《三生三世十里桃花》，优酷与阿里影业、授权宝等联动运营，衍生品收入达人民币 3 亿元。

内容制作与内容播出平台的共生合作关系逐步建立，网络视频播出平台强势延伸到内容生产环节，加强对内容生产的控制，传统制作方一方面加强自身网络平台的建设，另一方面与播出平台深度合作，与视频网站进行版权合作，出售网络播出版权，如优酷与环球、美国全国广播公司、索尼影视达成版权战略合作，签下两家电影制作商中国区的最大片库。

二、新媒体运营风险

就一种新产品或新工具的创新普及过程而言，报纸普及的时间比广播长，广播普及的时间比电视长，而微博普及时间不超过 3 年，微信普及时间不超过 1 年。新媒体产品创新扩散速度加快的另一面是新媒体产品衰落速度加快，或者说，产品升级换代，推陈出新速度大大加快。在互联网产品创新过程中，短信、彩信、手机报、博客等一时被认可和看好的产品不过数年间就被新的产品如微博和微信、新闻 App 所取代。这也是技术革命带来的必然后果。

新媒体运营存在较大的投资风险，技术创新需要巨额投入，例如时下热门的网络综艺和网络剧，其拍摄、取景、参演阵容等制作要素若要达到电影级别的水准，意味着高额的投资成本，而技术创新的产品首先是需要一定的开发周期，而盈利的实现也需要时间，前期投入的成本需要一定的市场运营周期才能收回，但是产品推陈出新的速度可能远远超出产品成本回收的速度。新媒体产品市场周期较传统媒体产品大大缩短，现在社交媒体如微博与微信，看似热门，未来也不一定能持续存在。

同时，由于新媒体产品普及速度大大加快，对网络服务提供商的运营形成很大考验，这一压力传导到企业里，最常见的表现就是时下国内绝大部分互联网企业的程序员工作压力陡增，加班加点是家常便饭。网易为与腾讯抢占手机用户，竞争手机游戏市场，《终结者 2》开发团队短期工作强度增加。而这类网络游戏热度的持续时间也不能像经典电脑游戏如《传奇》《魔兽世界》那样，长期保持在一个稳定水平。

新媒体的出现基于其分众以及对用户个性需求的满足，曾经被认为能带来长尾效应，但无论是 IP 还是知识付费市场或是网络视听产品市场，无一不证明内容和明星的号召力，新媒体产品不但没有实现长尾效应，而且带来了更大的马太效应。热门的内容和产品更热门，而不受市场追捧的产品更加没有市场。

三、新媒体的管理

新媒体的管理可以通过法律、政策、约定、行业自律、道德、习惯、风俗等手段来实现。其中，法制和政策约束是实现新媒体管理的有效手段，很明显，政府管控无论是法律或者是政策，不能解决所有新媒体发展带来的问题，法律法规主要是通过调节新媒体运营来实现，政府机构对于新媒体的管制首先是政策引导，目的是规范行业发展，促进行业进步，具体如立法或颁布法规条例、出台具体有针对性的指导政策；通过技术层面对内容或信号进行过滤和屏蔽以实现对新媒体的监管；倡导行业自律，通过社会大众和舆论监督实现对新媒体的控制。

2004 年，信息产业部出台《关于规范短信服务有关问题的通知》；2006 年 7 月实施《信息网络传播权保护条例》；2008 年出台《电子出版物出版管理规定》；2016 出台《互联网信息服务管理办法》《互联网文化管理暂行规定》《网络游戏管理暂行办法》；2017年上半年，国家互联网信息办公室出台《互联网新闻信息服务许可管理实施细则》。

新媒体的飞速发展领先于具体指导政策的出台，不少政策出台是为了指导和规范新媒体发展过程中的乱象，电视剧常在电视台黄金时间段播出，电视台播出时可能根据情况剪辑，内容有删节，而在线视频网站常通过播出完整的内容以吸引用户。综艺节目在电视平台的播出，受到综艺节目播出时长的限制。2017年6月，广电总局出台《关于进一步加强网络视听节目创作播出管理的通知》，对网络与电视作为传播渠道，在播出上对同一传播内容而版本不同的现状，界定了网络视听节目的审查标准，要求网络平台不得传播电视综艺或电视剧的完整版、未删减版，要求未通过审查的电视剧、电影，不得作为网络剧、网络电影上网播出，电视不能播出的内容，网络同样不得播出。实际是实现对网络平台和电视平台内容的统一监管。

我国政府始终关注新媒体市场的发展，出台有关指导性的政策，例如网络直播平台走红后，政府机构的监管首先依据早期出台的《互联网文化管理暂行规定》，规定全国网络表演市场的监督管理机构是文化部，由文化部组织对网络表演经营单位的随机抽检和信用监管，并根据查处情况，实施警示名单和黑名单等信用管理制度。及时公布查处结果，主动接受社会监督。对于从事网络表演的运营机构，实施市场准入审查，要求网络表演经营活动需要获得许可证，按照许可证范围从事经营活动，要求网络直播平台应当向省级文化行政部门申请取得有编号的《网络文化经营许可证》，以表示具备一定资质。

对网络直播平台的监管，重要问题是对网络信息内容和信息产品内容的监管，因此政府机构要求表演信息内容标注经营机构标识。对于网络直播的监管，强化了经营单位内部的自律和监管制度。不仅要求相关经营单位建立巡查制度，实时监控，而且要求对表演视频信息产品记录并保存，保存期限不得少于60天。对于用户供给的非实时的视频信息产品，严格审核。网络表演经营单位应当建立突发事件应急处置机制。发现违规内容，立即停止播出，并报告本单位注册地或者实际经营地省级文化行政部门或文化市场综合执法机构。网络直播平台应定期报送自审信息。网络平台直播介绍相关网络游戏的游戏技法，必须是取得相关机构内容审查备案编号或批准文号的网络游戏，网络表演拍摄方式正当，不应侵犯他人合法权益，表演内容应向上向真，不得有恐怖暴力低俗内容。

除了依据法律法规之外，还要求网络直播平台对内容自审自查，在播出前进行内容审核管理，配备审核人员，实施技术监控，建立健全内容审核管理制度。不符合内容自查和审查的网络表演产品，不能传播。

对网络表演人员的管理，要求表演人员实名制，并要求表演机构核实其身份，并保护其身份信息，要求表演者承诺遵守法律法规和相关管理规定，对境外或国外表演人员和表演机构，必须提前经过文化部核准。同时，信息内容监管涉及对未成年人的保护，要求直播内容不得侵犯未成年人的权益，有益于未成年人身心健康。网络表演经营机构应当完善和保护用户信息，加强对用户的监管约束，发现用户发布违法信息，应当立即停止为其提供服务，保存有关记录并向有关部门报告。此外，在监管策略上充分重视网民和社会监督，要求网络表演运营机构主动接受监督，设置专人负责受理举报，在网站首页等显著位置，设立"12318"全国文化市场举报网站的超级链接。

对公共利益的保护也是政府政策的必然导向，对网络游戏的监管，采取政府管制、游戏行业自律、社会监督、技术限制等手段实现对网络游戏市场的管理，保护用户的利益和社会公共利益。网络游戏与网络成瘾、网络依赖症相联系，2016年，文化部出台《关于规范网络游戏运营加强事中事后监管工作的通知》，明确了网络游戏的运营范围，解释了经营单位之间的联合运营行为，指出网络游戏运营是网络游戏运营企业以开放网络游戏用户注册或者提供网络游戏下载等方式向公众提供网络游戏产品和服务，并通过向网络游戏用户收费或者以电子商务、广告、赞助等方式获取利益的行为。为保护游戏消费者的权益，包括保护玩家个人隐私以及保障玩家权益，规定对经审核真实的实名注册用户，在玩家合法权益受到侵犯时，网络游戏经营单位负有向其依法举证的责任。规定网络游戏运营机构采取有效措施保护用户个人信息，防止用户个人信息泄露、损毁，未经授权不得将用户信息以任何方式向第三方企业或者个人提供。加大对网络游戏运营的事中和事后监管的力度，建立违法违规网络游戏的警示名单，加强对网络游戏经营单位和相关责任人的信用约束。

政府立法对新媒体业的监管一般从两个方面入手：一方面是事前限制，包括许可证制度和内容审查制度，规范新媒体传播内容和传播平台；另一方面是事中抽检和事后监管，事后监管如事后违规惩罚，如果在对已经传播的内容和渠道的审查过程中，发现违反法律法规，不合规或侵犯用户权益的内容，对网络经营单位应进行处罚。如果缺乏有针对性的法律法规，则新媒体的规范发展失去基础，新媒体是信息供给产业，与信息和知识紧密关联的版权保护及业务纠纷越来越引起社会各界的关注。

第四节　新媒体新闻与舆论

新媒体新闻，目前尚未有专门的概念，顾名思义，可以将其理解为发布在新媒体上的新闻。随着新媒体的出现与发展，新媒体新闻也跃入人们的视线，呈现出独特的特点，并存在某些问题。

新媒体舆论，广义是指在新媒体平台上传播的舆论。狭义是指网络舆论，即社会公众以网络为传播平台，对其所关注的某一现实问题所发表的一致性意见。

面对新媒体新闻、舆论中的问题，如何优化新媒体传播，做好新闻传播，引导社会舆论，这是崭新的课题。

一、新媒体新闻

随着网络、手机等新媒体的发展，人类进入了信息传播的新时代，社会对新闻信息的需求不断增长，新媒体新闻呈现出和传统媒体新闻不一样的面貌。

1. 新媒体新闻的特点

（1）多媒体性。传统媒体主要是进行文字、图片等方面的传播，而新媒体是进行文字、图片、声音、图像等方面的传播，而且打破了媒体与媒体之间的壁垒，消除了图文音像各传播符号的界限，使新闻的表现形式趋于多样化。随着新媒体融合技术的发展，新媒体新闻的传播手段更加多样，多媒体的属性更加明显，更能让受众享受视听的饕餮盛宴。

（2）互动性。报纸、广播、电视等传统媒体往往是单向传播，将新闻信息硬"推"给受众，而在新媒体上，受众可以按自己意愿进行选择，"拉"出所需新闻信息，这种新媒体新闻传播彻底改变了传受双方的关系。这种传播更加注重与受众的互动性，受众可以通过一定的方式，寻找自己感兴趣的新闻内容。

（3）海量性。手机、网络等新媒体信息量大，内容具有海量性。互联网将全世界的计算机连为一体，构建了一个巨大无比的在线数据库，人们登录网络，几乎可以了解到全世界的新闻信息。另外，新媒体由于互动性，为受众提供了许多发布新闻信息的机会，在新媒体信息传播中，传播主体多元化，"人人皆为信息源"，新媒体构建了社会化新闻信息的交流平台，网络信息如江河入海，海量无限，生生不息。

（4）开放性。新媒体的出现为人类的信息传播带来了划时代的变革。人类可以通过新媒体跨越族群、地域和文化的限制，进行新闻信息的自由传播和交流。人类还可以在新媒体上，不受时空限制，同在线的任何人进行新闻信息交流，聊天通话、视频播放、文字谈话、群体讨论等，方式不限。新媒体没有时空的限制，实现新闻信息的24小时发布，让新闻传播更加具有时效性，并实现社会公众开放式的参与。

（5）个性化。随着新媒体技术的发展，新媒体的传播内容越来越个性化，大众媒体也正由"一对多"模式向"多对多"模式和"一对一"的模式发展。现今的新媒体可以实现向特定的某个人推送新闻信息，这意味着，在新媒体平台，用户逐渐掌握了主导权，不仅能自主地发送信息，还可以根据自己的个性化需要来获取新闻资讯。

（6）快捷性。快速及时，同步传播。新媒体由于技术的进步，信息瞬间可达世界任何角落。而且新媒体新闻在操作上没有传统媒体的截稿线，新闻稿件的发送具有即时性，24小时"全天候"发布。受众只要联网就可在新媒体平台上接收新闻，第一时间同步知晓所发生的一切新闻事件。

（7）超文本。随着数字技术向新闻媒体的渗入，区别于传统按照线性方式编排的新闻文本，以非线性"超文本"形态呈现的新闻越来越流行和普及。这种超文本性，使得新媒体新闻的检索系统变得异常强大，用户可以根据不同查询条件进行检索，还可通过超链接功能，浏览到融合文字、图片、图表、音频、视频、动画等多种形态于一体的新闻。

2. 新媒体新闻存在的问题

在全新的新媒体时代，新媒体新闻正在影响着整个社会。除了具备以上一些特点，它还存在一些问题。

（1）不良信息泛滥。新媒体新闻的全新传播模式带来的一个大问题就是不良信息在新媒体上的泛滥。由于新闻传播主体的演变、把关力量的薄弱等，大量不良信息正充斥着新媒体平台。这些信息主要有垃圾邮件、失实信息、过时信息、有害信息等。据某项调查统计显示，我国网民每年接收电子邮件约为 500 亿封，其中垃圾邮件竟占 300 亿封，占60%。垃圾邮件对电信安全、用户的利益都造成了巨大影响，垃圾邮件散播的各种虚假信息和有害信息，对人们尤其是青少年的身心造成了严重的伤害。

（2）侵权现象猖獗。近年来，在新媒体平台上，侵权盗版现象十分严重，主要表现为一些网站未经授权或未支付费用，就转载其他媒体的新闻报道。网络博客等新媒体平台也成为网络侵权的重灾区，一些不良媒体未经同意，擅自使用他人的文字、图片，殊不知社会公民在博客上发表的个人文字、拍摄的照片等都拥有知识产权，应当受到法律的保护。以赢利为目的的网站，如果未经本人授权，擅自使用他人的照片、文字，属于知识侵权行为。

（3）信息筛选困难。在传统媒体时代，只有新闻机构才能发布新闻信息。而如今新媒体信息发布门槛降低，任何人都可以成为发布者，信息源实现多元化，传播模式呈现崭新的面貌，但同时也带来了一些问题，比如每个人的立场和水平不一，发布的信息良莠不齐，真假难辨，使得人们对于新媒体的信息鉴别难度增大，如何甄别虚假信息，处理不利信息，变得非常棘手。

（4）接收形式受限。新媒体的新闻传播虽然具有许多优势，但是它有一个很大的弱点，就是人们必须借助新媒体才能实现阅读，所以并不是任何人都能够拥有新媒体接收技术或者适合进行新媒体信息接收，老人和小孩往往会受到限制，这就影响了新闻传播对象的广泛性和普及性。另外，随着新媒体技术的不断更新和发展，社会公众的技术素养将面临挑战。

二、新媒体舆论

新媒体舆论作为社会舆论的主要形态，在政治、经济、文化等领域都发挥着举足轻重的作用。新媒体所具有的开放、互动、个性、快捷等特性，使得新媒体舆论呈现出异于传统舆论的一些特征与问题。

1. 新媒体舆论的特点

（1）自发性。在新媒体时代，由于手机、网络等传播媒介较易获得，传播环境较以往更为自由、开放，所以人们可以在媒体上发表个人意见，或者对于媒体上的舆论发表看法。这种自发的发表意见的行为在新媒体时代越来越常见。由于新媒体传播具有高效、快捷等特性，所以人们的个人意见在某些时候会产生聚合、放大效应，进而在短时间内迅速演化成为公众议题和社会议题。

（2）延展性。互联网技术为社会舆论的传播提供了无限延展的可能。新媒体具有强大的功能，能够实现跨时空的传播，在信息发布的空间上能够形成延展性，所以网民在某个空间发表的舆论，或许在短时间内就可以向更广阔的范围传播，覆盖到更广大的社会空间，某些局部的群体舆论会迅速上升为地区性舆论、全国性舆论，乃至世界性舆论。

（3）即时性。在报纸、杂志等传统媒介中，媒介的议程对社会舆论的引发往往需要一段较长的时间。但是在手机、网络等新媒体传播中，舆论的形成周期大大缩短。由于新媒体信息发布的即时性、更新的快速性以及信息的交互性，使得信息的关注速度、更新速度、交流反馈等方面，都比传统的信息传播更为便捷。

（4）多元性。新媒体由于自由、开放、交互等特性，使得社会公众拥有平等的意见表达权利和渠道。而当公众参与到这个开放、平等的言论平台时，不同的信息发布主体往往具有不同的身份地位和利益诉求，他们关注的焦点、议论的角度必然会有所不同，这时新媒体成为"意见的自由市场"，新媒体舆论呈现出多元化的特性。

（5）批判性。新媒体由于交互性，传受双方平等沟通，由于新媒体的开放性，新媒体成为开放的意见交流平台。所以人们可以在新媒体上发表意见，不同的主体具有不同的利益诉求，不可避免会有矛盾和冲突。新媒体成为宣泄不满情绪、批判社会不公正现象的最佳场所。

（6）互动性。新媒体的出现，改变了信息反馈不及时的局面，从而使传统的单向性传播向双向互动式传播方式改变。在信息的双向流动过程中，传受主体可以随时改变身份，使得信息传播平等化。新媒体的这种交互性，使得新媒体舆论也具有互动性。由于反馈的及时性，网民个体的信息传播也会逐渐形成反应堆，造成强大的社会舆论。

（7）匿名性。在传统媒体中，传播者表达意见的方式往往是公开透明的，这使他们不得不受到各方面的制约，无法表达自身的真正意愿。然而在新媒体中，用户是在一个虚拟的空间进行信息传播，而且每个人的传播权都是平等的，用户在传播信息的过程中可以抛弃自己原有的身份，用匿名的形式进行意愿的表达。

（8）碎片化。当大量信息经新媒体传递到网民面前，网友无法同时消化所有信息时，他们只能选择自己喜欢的信息进行译码与解码。按照网民对某些信息的准关注度，新媒体舆论也不断被分化，从而出现了"碎片化"的趋势。当某一重大事件出现时，根据网民的关注度，各类新媒体都对该事件进行充分报道，一段时间内，有关该事件的信息充斥于各类媒体，使得其他方面的信息被淡化。

2. 新媒体舆论存在的问题

（1）舆论难控。这种难控性主要表现在对新媒体中信息流量、流向的控制，以及对网民情绪的调控。由于新媒体的匿名性、开放性等特征，有人会把新媒体作为发泄情绪的途径，形成一种情绪性舆论。新媒体上非理性、消极性的信息传播，使新媒体舆论逐渐走向"群体化"倾向，从而导致网络暴力。网民间恶言相向、毁谤中伤等"谩骂"和"拍砖"现象成为网络言论的常态。新媒体舆论对其意见表达的失控经常表现出一种"集体无意识"。

（2）信息同质。由于碎片化阅读方式的产生，使得用户只关注自己喜欢的领域而忽略了其他领域的信息，新媒体按照客户的需求进行推送信息，这种形式带来了新媒体舆论同质化现象的产生。这种同质化使新媒体传递的信息过于单一，通过长期的信息培养将导致网民对某些群体产生刻板印象从而产生首因效应。刻板印象是指人们对某些人或事物的特定看法。这种特定的看法将会形成固定认知从而产生特定的行为。由于信息传递的同质化，当人们遇到某些人或事的时候就会首先对其产生某些情绪或评价，这就是所谓的首因效应。首因效应的不断扩大就会造成网络暴力，甚至造成法律纠纷。

（3）用语失范。在新媒体平台上，攻击和谩骂俨然成为一种常见现象。论坛里，对信息传播的主角或者特定的当事人、单位进行辱骂的现象司空见惯，也包括利用博客进行辱骂。青少年群体往往好奇心重，对新鲜事物容易迅速接受并逐渐培养成习惯，而且这一群体在没有完全社会化之前，心智并未成熟，对于网络中的是非缺乏明确的判断能力，很容易对自身的价值观产生负面影响。

（4）信息失实。由于新媒体把关机制欠缺，导致有些不法分子利用新媒体进行虚假信息的传播，造成网络社区甚至现实社会的恐慌。虚假信息即谣言，有人类历史以来，就有了谣言。经过时间的不断演变及沉淀，谣言已经等同于诽谤、欺诈之意。随着信息技术的不断发展，科技改变了整个社会的运行方式，人类之间的交流也出现了新的形式。原来建立在人际传播上的谣言，其传播形式也随之多变，出现了（手机）微博谣言等网络谣言形式。

（5）侵权行为频发。新媒体舆论中的侵权事件主要包括侵犯名誉权、人身权、隐私权、著作权、肖像权等。在网上未经同意公布当事人的姓名、电话、地址等个人信息，如一些明星的电话、地址的公开，干扰了当事人的生活安宁并侵犯了其隐私权。在网络上随便公布他人照片，甚至进行恶搞，侵犯了他人的肖像权。随意转载他人著作的更是随处可见。

三、新媒体传播良性发展策略

当前，新媒体的价值正在不断彰显，如何发挥新媒体的优势来开展新媒体传播，已经成为一个国际性的研究课题。另外，新媒体新闻、舆论等传播领域还存在诸多问题，今后又该如何优化并改进呢？

1. 加强新媒体的监管

随着社会的发展，新媒体传播已经作为一种全新的传播形式得到了广泛的认可和推广。但是，新媒体传播还存在诸多不足，比如在传播内容上还需要把关，在舆论上还需要引导。另外，新媒体传播的最主要对象就是年轻人。但是年轻人有时候心智还不是很成熟，这就需要我们对其加以科学而巧妙地引导。

除了内容把关、对象上的引导，我们还应做好传播主体素质的培养。作为新媒体机构的核心人物，新闻从业人员所具备的素质应该是全方位的。我们应该从源头上对其业务素质与能力进行综合的评估与考核。但是新媒体时代人人都是媒体人，所以提高社会成员的媒体素养、技术素养，也是当务之急。

另外，在传播环境上，应营造一个良好的政策环境。可以通过政策的引导、法律的约束，来进一步规范新媒体的传播。如国家根据当前新媒体的现状，通过立法的方式来不断地完善具体法规以及明确规定违反法规所需要付出的代价。

2. 做好新媒体的安全

根据某机构关于新媒体时代下新闻传播的问卷调查中，有接近85%的用户选择了认可和选择用网络来完成新闻资讯的分享与传播。可是，在关于网上传播过程当中，最大的担忧是什么，有近90%的人提出的是互联网操作及个人隐私的安全问题。

这种安全性的不足，在一定程度上会影响新媒体传播水平的提升，所以应该做好新媒体安全工作。我们要对在新媒体传播出现的影响秩序的行为予以严厉的打击。我们还应对新闻参与主体资质加强审核与监管。应该根据网络个体在新闻传播中的具体表现来进行合理的引导。另外，我们应该充分发挥法律在教育层面的价值和意义，使新媒体新闻得以安全传播。

3. 加大对新媒体的扶持

当前，新媒体正处于快速发展时期，与欧美等网络发展比较早的国家相比，我国的新媒体发展还存在着很大的提升空间。在新媒体的基本载体方面，通过加大投资及政策扶持，为大众参与网络平台提供更为扎实的条件和基础。在技术层面上，也可以做出一定的探索，比如，可以借助最新的电子技术手段把新媒体传播的整个过程，借助一系列配套的监控网络来完成。

另外，要重视提高信息发布者的社会责任感，使他们能真正地意识到，不良的传播内容会严重危害社会的发展。新媒体传播是一个庞大的系统，每个人都应为社会的发展做出一份贡献，积极地服务社会，只有这样，社会的发展才会呈现出更加和谐向上的面貌。

第五节　新媒体法规和版权保护

一、新媒体立法的意义

互联网是推动一国经济社会发展的重要力量。新媒体对于社会、国家和市场的重要性毋庸置疑，新媒体的政治、经济和市场价值促使政府机构加强了对于新媒体的监管和规制。无论是发达国家还是发展中国家，尽管立法的精神和出发点有差异，但是都设立了新媒体内容审查和监管的相关法规或机构，以促进互联网行业持续稳健发展。

我国网民规模历经多年增长，增幅趋于稳定，数字产业与其他产业高度融合，引领国家消费模式创新，智慧政务、共享出行、移动支付等互联网应用迅速风靡，给民众日常生活带来了便利，增进了社会福祉，也提高了国家的竞争优势。

与我国互联网业的高速成长相伴随的，是政府机构的行业监管体系逐渐建立。新媒体各类应用风靡的同时，网络不良信息监管、网络著作权的保护、网络隐私权的保护、网络商标权的保护等各类涉及公民和机构权利的保护受到重视，互联网相关行业监管体系也逐步完善。

网络平台提供信息和娱乐内容，满足大众的信息需求和精神需求，丰富人民群众的文化娱乐活动，仍然属于内容平台，在扩大和引导文化消费等方面发挥了积极作用。网络经营单位应遵守宪法和有关法律法规，坚持为人民服务、为社会主义服务的方向，坚持社会主义先进文化的前进方向，自觉弘扬社会主义核心价值观。新媒体的传播形式推陈出新，从博客到微博，从网络聊天室到微信，从视频应用到网络视频知名网站的建立，网络直播、网络剧、网络综艺、手机网游等新的传播形态层出不穷。我国新媒体法规立法表现出与时俱进的特点，紧跟新媒体技术和形态的发展。例如近年网络直播平台走红，为扼制网络传播的不良倾向，2016 年 12 月，文化部迅速反应，依据《互联网信息服务管理办法》《互联网文化管理暂行规定》等有关法律法规，下达《网络表演经营活动管理办法》。我国政府通过对新媒体的立法，对网络传播的信息内容提出规范化管理要求，要求网站、应用程序、即时通信工具、微博、直播等提供内容健康、有益于弘扬社会主义核心价值观的高品质的信息内容。加强对网络表演经营活动的管理，引导网络经营企业依据法律法规开展经营活动，对于促进我国网络文化的繁荣具有积极的意义。

二、新媒体传播失范

传播技术革命推动新媒体传播形态和传播格局不断改变，也给新媒体的管理带来了巨大挑战。网络信息传播质量良莠不齐，虚假信息泛滥，对公民的媒介素养提出了更高的要求。新媒体的虚拟特点和用户的匿名特征，给网络传谣提供了基础。网络暴力如网络人肉搜索也涉及对于公民个人隐私权的侵犯。

我国网络游戏是重要的娱乐产业，网络游戏营收是互联网公司的重要利润来源。网络游戏的市场空间巨大，而对网络游戏的过度依赖导致的网络游戏成瘾以及网络游戏的暴力内容带来的玩家对于网络游戏暴力内容和手段的模仿无疑是负面的。在网易、腾讯等知名互联网企业对本土网络游戏加大研发力度的同时，网络游戏经营单位运营责任不清晰、诱导消费、用户权益保护不力等问题频发。网络游戏版权保护和侵权诉讼也日益受到公众关注。

就版权保护而言，相较于传统媒体，新媒体批量复制的便利和网络资源的海量，借助超链接和数字设备，更容易发生侵犯著作人权益的现象。作品著作权所有人维权成本高，而侵权成本低。维权的高成本与侵权的低成本相互作用，催生了作者、表演者、创作者信息网络传播权屡屡被侵犯的现象。

互联网公司运营模式强调流量和用户规模，在其产品运营的起步阶段，为增强用户黏性，扩大市场规模，通常不计成本，跑马圈地，供用户无偿使用。而且互联网的早期产品如邮箱、聊天软件一般为免费提供，也培养了互联网用户无偿使用信息和服务的习惯，客观上不利于原创作品的版权保护。此外，对版权的保护首先是对著作者、创作者的作者身份权的保护。在移动互联网环境下，用户与受众概念融合，信息传播的发起方即传播者与信息的接收方即受众的界线模糊。网络信息内容如视频内容除了专业视频网站生产内容外，还包括用户生产内容。而用户自生成内容，个体用户自发上传视音频作品，使得信息的消费者同时也是信息的创作者和使用者以及传播者，多个用户对自生产内容的网络传播使得信息网络传播权利的保障更加复杂，界定著作权人的身份并不容易。

三、新媒体法规与版权保护

对于信息的流通和表达的自由，1948 年《世界人权宣言》提出，"人人有权享有主张和发表意见的自由；此项权利包括通过任何媒体和不论国界寻求、接受、传递各项消息和思想的自由，"我国《宪法》规定公民有言论、出版、集会、结社、游行、示威的自由。关于著作权相关的国际条约如欧洲国家的《伯尔尼保护文学和艺术作品公约》，历经多次修正。我国参加了这一公约。

我国于 1991 年实施《著作权法》，之后为应对加入世贸组织后可能的挑战，加强了对知识产权的保护，于 2001 年进行了修改，2001 年修订的《著作权法》规定了信息网络传播权。2010 年又进行了第二次修改。《著作权法》遵循《伯尔尼公约》的版权自动保护准则，实施版权自愿登记制度。《著作权法》是关于版权保护的法律，对于计算机软件保护和网络信息权的保护办法，国务院另行做出了规定。

根据《著作权法》，1991 年国务院出台了《著作权法实施条例》，这一条例于 2002 年和 2013 年分别修订。1991 年出台《计算机软件保护条例》，2002 年、2011 年、2013 年分别修订。2005 年，国家版权局、信息产业部出台《互联网著作权行政保护办法》。2006 年出台《信息网络传播权保护条例》，2013 年进行修订。为实施国际著作权条约，为保护外国作品著作权人的合法权益，国家版权局于 1992 年出台了《实施国际著作权条约的规定》。为规范著作权集体管理活动，2005 年国务院施行了《著作权集体管理条例》。

《著作权法》规定，著作权即为版权，其中，第九条界定了著作权人和著作权范围，著作权人包括公民、法人或者其他组织。著作权的范围包括人身权和财产权，具体包括发表权、署名权、修改权、保护作品完整权、复制权、发行权、出租权、展览权、表演权、放映权、广播权、信息网络传播权、摄制权、改编权、翻译权、汇编权等 16 项权利及应当由著作权人享有的其他权利。第四十二条规定了著作权的保护期限，即录音录像制作者对其制作的录音录像制品，享有许可他人复制、发行、出租、通过信息网络向公众传播并获得报酬的权利；权利的保护期为五十年。

国务院出台的《信息网络传播权保护条例》经过 2013 年修订，该条例根据《著作权法》制定。其中，第六条列举了使用网络信息上的他人作品，不必支付报酬的若干情形，例如"为学校课堂教学或者科学研究，向少数教学、科研人员提供少量已经发表的作品""向公众提供在信息网络上已经发表的关于政治、经济问题的时事性文章"等具体情况，多数情形是出于公共利益保护的考量。

其中第十四条规定：对提供信息存储空间或者提供搜索、链接服务的网络服务提供者，权利人认为其服务所涉及的作品、表演、录音录像制品，侵犯自己的信息网络传播权或者被删除、改变了自己的权利管理电子信息的，可以向该网络服务提供者提交书面通知，要求网络服务提供者删除该作品、表演、录音录像制品，或者断开与该作品、表演、录音录像制品的链接。

第十五条规定：网络服务提供者接到权利人的通知书后，应当立即删除涉嫌侵权的作品、表演、录音录像制品，或者断开与涉嫌侵权的作品、表演、录音录像制品的链接，并同时将通知书转送提供作品、表演、录音录像制品的服务对象；服务对象网络地址不明、无法转送的，应当将通知书的内容同时在信息网络上公告。

第二十二条规定：为网络服务提供商免责提供了法律解释的基础，条文为：网络服务提供者为服务对象提供信息存储空间，供服务对象通过信息网络向公众提供作品、表演、录音录像制品，并具备下列条件的，不承担赔偿责任：①明确标示该信息存储空间是为服务对象所提供，并公开网络服务提供者的名称、联系人、网络地址；②未改变服务对象所提供的作品、表演、录音录像制品；③不知道也没有合理的理由应当知道服务对象提供的作品、表演、录音录像制品侵权；④未从服务对象因提供作品、表演、录音录像制品中直接获得经济利益；⑤在接到权利人的通知书后，根据本条例规定删除权利人认为侵权的作品、表演、录音录像制品。

按照《著作权法》对于信息网络传播权的界定，该项权利是以有线或者无线方式向公众提供作品，使公众可以在其个人选定的时间和地点获得作品的权利。与信息技术和互联网信息网络传播相关的版权纠纷案数量增加，网络知识产权纠纷的司法实践受到法学界和互联网业界的普遍关注。

网络侵权方式多样且相对隐蔽，版权保护面临很多风险，网络著作权保护涉及侵权行为的发生地点，如通过互联网交易平台出售盗版影视光碟和盗版软件，其侵权地可以多次转移，又如在 App 上向用户收取费用，提供未取得著作权人授权许可使用的影视作品，如果不是用户量大的 App 应用，也难以被发现。

内容在云端，版权保护在云计算和大数据时代，面临困境。新媒体背景下，文字内容、录音录像制品、表演作品等均以数字化的方式出版和发行，且网络出版和网络发行环节密不可分。伴随着网络技术的进步，网络综艺、电视综艺、电视选秀节目的版权，热门文学作品和影视作品等信息网络传播权纠纷不断，且有逐年上升的趋势。例如2017年北京的首起网络电影著作权侵权案件，著作权人起诉相关影业制作公司和网络视频公司侵犯作者的网络电影的改编权、摄制权及信息网络传播权。在新媒体崛起之前，综艺节目、电视剧多数是由电视台制作，而当下网络剧、网络综艺、网络电影等新现象层出不穷，给司法实践和法院判决带来考验，如2017年杭州互联网法院判定浙江广播电视集团起诉咪咕视讯科技有限公司侵犯其产品《奔跑吧兄弟（第三季）》著作权案，判决浙江广播电视集团胜诉，咪咕视讯侵害了涉案作品信息网络传播权。

内容搜索和聚合互联网商业平台如百度文库、百度MP3、百度云、百度网盘、百度贴吧等提供内容搜索和聚合服务的搜索引擎处于版权纠纷的风口浪尖。不仅综合内容搜索引擎面临版权保护的问题，专业新闻内容搜索如今日头条也面临同样的问题。中国音乐著作权协会、唱片公司等共同起诉搜索引擎百度MP3为音乐用户提供无偿使用的下载链接，就是版权人与发布平台的版权纠纷。2012年北京海淀区人民法院审理的作家联盟起诉百度文库侵权案，虽然作家联盟胜诉，但赔偿金额远小于诉讼请求。2014年中国青年出版社中青文传媒公司起诉百度文库侵权案，在该案审理中，百度提出遵循著作权侵权案的"避风港"原则，但法院审理认为涉案作品属于热门作品，网络服务提供商应掌握相关下载信息数据，判决百度文库对于涉案作品的使用和传播没有尽到合理的注意义务，没有建立起足够有效的著作权保护机制。2017年国家图书馆出版社就百度网盘用户在百度网盘上储存《民国期刊资料分类汇编·四库全书研究》起诉百度侵权网络传播权案，该案百度胜诉，适用了版权保护的"避风港"原则，网络服务提供商不承担侵权赔偿责任。

我国《信息网络传播权保护条例》对避风港原则做出了相关规定，版权相关权利人如果认为网络服务提供商侵权，可以要求对方删除信息链接和信息内容。如果收到著作权或版权方的权利书面通知书，网络服务提供商应采取移除行为，删除链接，尽合理注意责任。这一条例确立了版权权利人通知网络服务提供商移除的侵权纠纷处理模式。对于内容入口或内容平台与版权方的纠纷，网络服务提供商常以"避风港"原则辩驳，而是否侵权的界定需要考量实际的经营运作，即使定性为侵权，网络侵犯版权的违法收益和版权方的利益损失不容易举证定量，也增加了司法成本。

新兴传播技术和传播形式层出不穷，给版权保护带来空前的挑战，信息产品和娱乐产品的飞速增长导致版权保护困难，版权虽然是法律问题，但从根本上说是商业问题和利益问题，版权保护应以增进社会福祉，促进公共利益和著作权人利益为主要诉求。

第六节　新媒体传播技术

创造新技术和利用新技术，是人类的本性，也是社会进步的必然。在信息技术产业和计算机网络技术的双重冲击下，新媒体技术开始慢慢起步。人类的每一次技术进步都会带来巨大变革，并推动着媒体产业的发展。从娱乐传播这个行业的整体发展情况来看，技术始终是推动其发展的基础。

自古至今，媒体的每次变化都是以技术的进步和演进为先导，如果没有印刷技术的出现，就没有书籍、报纸和杂志等纸质信息存储传输媒介；如果没有电子技术的发展，就没有无线电、广播和电视等电子媒体；没有计算机技术、现代通信技术以及计算机网络的普及，就更没有新媒体的产生发展和兴起。

从技术的角度来看，按照当前发展阶段的水平，新媒体技术就是以计算机为工具，以现代数字通信为手段，以网络交换为传播形态，以此构成对信息内容进行采集、加工、处理、传输和显示的全过程，并应用于大众传播业的技术。按照美国学者约翰·帕夫利克（John Pavlik）的观点，新媒体技术主要包含采集和生产技术、处理技术、传输技术、存储技术和播放显示技术，涵盖了互联网和移动通信的输入、处理、输出全过程的各项技术。数字娱乐传播技术，作为新媒体技术中与大众日常生活最为贴近的部分，其传输内容以娱乐信息为主，传输面向社会所有人群，也是新媒体技术中用途范围最为广泛的技术。

新媒体技术是以数字技术为核心，通过计算机技术和以网络技术为主的信息通信手段，将抽象的信息转换为易于感知、可管理和便于交互的信息，涉及诸多学科和研究领域的理论、知识、技术与成果，已经广泛应用于信息传播、影视创作、游戏娱乐、广告、出版、网络以及教育、商业、展示等领域，具有巨大的经济增值潜力和社会效益，是一种新兴的交叉和综合的技术。

一、新媒体技术的分类

新媒体技术包括数字媒体信息从生成、处理到输出各个环节所涉及的多项技术，大体可以分为以下几类。

1. 信息采集与输出技术

信息采集技术将人类各个感觉器官从自然界中感受到的声音、图像甚至味觉和触觉等以连续形式存在的模拟信息，采用模拟／数字转换器转换为计算机可以识别和记录的数字形式的离散信息，是数字媒体信息处理、存储和输出等后续环节的基础。

信息输出技术为数字媒体内容提供丰富、人性化的交互界面，将计算机描述的抽象数字离散信息，采用数字／模拟转换器转化为可以被人类各个感觉器官易于感知的连续模拟信息，是数字媒体的最终目的和处理交互的重要手段，是与数字媒体信息获取完全相反的信息处理过程。

2. 信息存储技术

来自于自然界中的媒体信息从连续模拟形态转换为离散数字形态后，在方便处理记录的同时也极大地增加了数据量，由于数字信息存储和读取的并发性和实时性，对存储系统的速度、性能以及数据存储的稳定和安全性提出了更高的要求，要综合考虑存储设备容量、速度以及存储策略等因素，以便在保证存储数字媒体信息稳定性的同时方便数字媒体信息的管理。目前广泛应用的主要存储技术有磁存储技术、光存储技术和半导体存储技术等。

3. 信息处理技术

信息处理技术可以将数字媒体信息的表现形式和表现内容，根据需要进行转换，主要包括媒体信息数字化技术、数字信息压缩编码技术以及数字媒体信息特征提取、分类与识别技术等。在各种数字媒体信息中，占据大多数数据量并最具代表性的文字、图像、音频以及视频信息的处理技术，是数字信息生成与处理技术的主要内容。

4. 信息传输技术

信息传输技术作为传输数字媒体信息的主要手段，体现了与数字新媒体与传统媒体单一传输渠道相比迥然不同的多渠道传输特征。数字媒体信息传输技术有机融合了计算机网络技术和现代通信技术，将数字信息内容传输给终端，以为用户及受众提供无缝连接的服务。数字媒体信息传输技术主要包括数字通信网技术、计算机网络技术和无线通信技术。其中，IP技术能把计算机网络、广播电视网和电话通信网融合为统一的宽带数字网，各种信息传递方式和网络在数字传播网络内合为一体，是数字媒体信息传输技术的研究热点和发展趋势。

5. 信息管理与安全技术

针对数字媒体信息数据类型繁多和数据量大的特点，结合数字媒体技术与计算机数据库技术、检索技术与信息安全技术而产生的数字媒体数据库，可以高效管理数字媒体信息。与传统的普通数据库相比，数字媒体信息数据库增加了以图文音像为主要类型数字媒体信息的处理和管理功能，并采用了特征识别、基于内容或特征的检索等技术，极大地扩展了存储容量，以满足图文音像数字媒体信息的有序存储和有效管理。数字媒体安全技术建立在数字版权管理技术和数字信息保护技术的基础上，起到安全传输数字媒体信息、知识产权保护和认证等作用，还为数字媒体信息的商业化流通提供了技术基础。

二、数字视听技术

数字音频技术是人类最熟悉的传播信息的手段，也是人与人之间交往最便捷的工具。音频信息在以广播和电视为代表的传统媒体时代，就已经是非常重要的媒体类型。在数字新媒体时代，音频仍然保持重要的地位。

数字音频同样也分为语音和非语音两类。语音以人类语言为基础，具有鲜明字节信息的声音信号，是语言的载体。非语音信号则分为乐音和杂音，乐音指发音物体有规律振动而产生的具有固定音高的音频，可以引起美好的听觉和心理享受；杂音则没有任何规律，不能引起美好的听觉享受。

数字音频利用数字化手段对声音进行录制、存储、编辑、压缩和播放，随着计算机技术、多媒体技术、数字信号处理技术等现代科技的兴起而产生，与模拟音频相比，具有采集便捷、存储便利、传输和再现几乎不存在失真、易于编辑和处理等诸多方面的优点。

音频按来源可以分为自然音频和人工音频两种。自然音频是由自然界中的音源发出的声音，不仅具有强度和音调等属性，更具有强烈的空间感，可以通过混响和回声等反射特性感受到现场的环境结构，可以很容易分辨出音源的方位。人工音频则由于在音频数字化过程中采集信息具有片面性，难免会有所丢失和缺损，从而导致音质下降或者空间感不强等缺陷。为了减少或者避免这种现象的产生，可以根据人耳接收声音的特点，在采集音频时从左右两个方向同时采集音频，从而部分恢复和建立所采集声音的空间感，即对应人耳左右分布的特点，使用立体声系统以双声道或多声道的方法采集声音。音频设备中常用的数字音频标准主要有杜比系列音效系统、DTS 音效系统和 THX 音效系统。

计算机音频以计算机为工具，完全由人工通过计算机控制 MIDI 乐器高效率地完成音乐作品的创作与编辑，可以生成自然界中不存在的音频，赋予音频创作以无限空间。

乐器数字接口（Musical Instrument Digital Interface，MIDI）是 20 世纪 80 年代初，由几家主要的电子乐器生产商发起制定的一个通信标准，主要包含计算机音乐生成程序、电子乐谱合成器以及电子乐器和音响等设备交换信息和控制信号等几个子标准。

MIDI 本身不是声音信号，而是音符、控制参数等指令，它指示 MIDI 设备演奏音符和音量控制等行为。MIDI 数据也不是数字音频波形，而是音乐代码或电子乐谱。MIDI 系统实际就是一个作曲、配器、电子模拟的演奏系统。音乐人可以按 MIDI 标准，运用 MIDI 技术用数字音乐数据进行音乐创作，也可以使用 MIDI 设备直接演奏乐曲。配装备了高级 MIDI 软件库的计算机，可以用 MIDI 控制完成包括音乐创作、乐谱打印、节目编排、音乐调整、音响幅度、节奏速度以及各声部之间的协调和混响在内的几乎所有音乐处理功能。

图像就是采用各种采集系统获取或由人绘制并能够被人类视觉所感知的实体，数字图像就是数字化图像实体。与传统娱乐信息一样，视觉信息在数字娱乐传播中仍然占据着最重要的地位。

数字图像是用有线数字数值像素表现的二维平面信息实体，由模拟图像数字化得到，以像素为基本元素，可以用数字计算机或数字电路存储和处理。自然界存在的图像在空间、亮度以及色彩色调上都是以模拟形式连续存在的，所以在进行数字化处理前，要先将模拟图像经采样、量化和编码转换为数字图像。数字图像可以由多种输入设备和技术生成，如数码相机、扫描仪、坐标测量机等，也可以从非图像数据得到，如数学函数或者三维几何模型等方法。

像素是模拟图像数字化时对连续空间进行离散化所得数字图像的基本元素，每个像素都具有以整数形式表现的行和列的坐标位置和整数灰度值 / 颜色值，根据像素特性的不同数字图像可以划分为二值图像、灰度 / 灰阶图像和彩色图像等类型。

分辨率（Resolution），指组成图像的像素密度，以单位长度内像素数量表示，单位一般采用 PPI(Pixels Per Inch)，如 300PPI 表示一英寸内有 300 个像素。对几何尺寸相同的一幅图像，组成图的像素数目越多，则图像分辨率越高，图像就越清晰；反之，则图像分辨率越低，图像也就越粗糙。

色彩深度（Depth of Color），又称色彩位数，指储存每个像素色彩所用数值的存储位数，决定彩色图像像素可能的最大色彩数量或者灰度图像像素可能的最大灰度级别。例如，一幅彩色图像的每个像素如果用 R、G、B 三个分量来表示，每个分量用 8 位来表示，那么一个像素就由 8×3=24 位来表示，即像素色彩深度就是 24 位，每个像素可能的色彩就是 224=16 777 216 中的一种。表示一个像素的位数越多，能表达的色彩数量就越多，它的深度就越深，表现的色彩就越细腻，但同时图像占用的存储空间就越大。鉴于人眼分辨的局限性和设备复杂度的限制，一般不追求过高的像素色彩深度，需要在人眼的视觉感知和资源耗费之间达到平衡。

真彩色是指在组成一幅彩色图像每个像素值的基色分量，达到与日常生活经验一致的色彩，每个基色分量直接决定了显示设备的基色强度。伪彩色图像的每个像素的色彩不是由每个基色分量数值直接决定，而是去查找一个显示图像时使用的 R、G、B 强度值，查找得到的数值显示的色彩是真的，但不一定是所描述物体真正的色彩，而有可能以色彩表现图像所描述对象的一些其他数值，如以不同色彩表示不同的温度，称为色温。

四、数字视频技术

据统计，目前，视频信息因其最接近人直观感受的不可替代特征，在网络上占据了将近 90% 的流量。数字视频就是以数字形式记录的视频。为了获取数字视频信息，模拟视频信号必须通过模拟 / 数字转换器来转变为以 0 和 1 表示的数字视频信号，而播放数字视频时则要完成其反过程，即借助数字 / 模拟转换器将二进制信息解码成模拟信号。

彩色电视信号分为复合视频信号、分量视频信号和分离视频信号三种。复合视频信号又称为全电视信号，将亮度、色差及同步信号融合为一个信号。分量视频信号由表现色彩信息的若干个独立信号组成，表示色彩质量最好，但需要较宽的带宽和同步信号，常用的分量视频信号标准有 RGB、YUV 和 YIQ 等。分离视频信号将亮度分量和色差分量分离后以不同信道分别传输，色彩表现和设备资源消耗均处于前两者中间。视频信号标准也称为电视制式，世界上广泛采用的电视制式有 NTSC、PAL 和 SECAM 制三种，区别主要在于帧频 / 场频、分辨率、带宽、色彩空间的转换关系。

模拟视频数字化包括色彩空间转换、光栅扫描转换以及分辨率统一等步骤。电视视频信号常用两种方法数字化。一种先把分离复合视频信号中的亮度和色度转换为 YUV 或 YIQ 分量，然后用模拟 / 数字转换器对应数字化三个分量；另一种先用模拟 / 数字转换器数字化复合视频信号，然后在数字域中得到 YUV、YIQ 或 RGB 分量数据。

五、计算机动画技术

计算机动画指采用图形与图像的处理技术，借助编程或动画制作软件生成一系列的景物画面，当前帧是前一帧的部分修改，采用连续播放存储于连续帧的静止图像的方法产生物体运动的效果。计算机动画中的运动包括景物位置、方向、大小、表面纹理、色彩和形状的变化以及虚拟摄像机的运动。动画的基本原理是利用人眼的视觉暂留特性，连续播放一系列基于时间顺序的静止画面，给视觉造成连续变化的假象。

计算机动画的制作需要软件和硬件协同实现。以计算机硬件为基础，利用动画制作软件，以艺术修养作为指引，以实现各种动画功能和效果。

计算机动画根据动画控制方式可分为实时动画和逐帧动画。实时动画采用算法控制物体的运动，计算机快速处理输入的数据，并在屏幕上实时显示运算结果，一般用于简单动画。逐帧动画按时间顺序显示记录在存储介质上的图像序列实现运动效果，通常用于复杂动画。

计算机动画根据动画画面视觉效果的不同分为二维动画和三维动画。二维动画的画面是在平面空间展示内容，其立体感借助于透视原理、阴影等手段得到的视觉效果。三维动画使用三维数据建立对象模型，具有真实的立体感。

按所描述对象的真实程度还可以分为真实动画和非真实动画。

按目的播放平台还可以分为电视动画和网络动画，电视动画在计算机上制作完成以后要转换为视频文件格式存储，以供电视平台播放。适用于网络传播的网络动画，网络动画文件容量小，采用矢量图形，画面简洁明快、色彩鲜艳，播放运算量小，制作相对容易，并具有一般动画所没有的交互性，可以在小规模范围内展开创作，但画面质量远远不如专业动画作品，随着网络的发展和普及，逐渐形成了计算机动画的重要组成部分。网络动画的主要制作软件有 Flash、Ulead GIF Animator 和 Cool3D 等。

计算机动画生成技术即利用计算机动画系统的多种运动控制方式，实现各种复杂的运动形式，提高控制的灵活度以及制作效率的技术，包括关键帧动画、变形物体动画、过程动画和人体动画等。

一般而言，动画对象或人物还是先用手工在纸上或使用绘图笔绘制原画，即先画出对象或人物的轮廓，输入计算机以后进行上色等操作，这部分的工作与造型设计以及美术设计密切相关。

关键帧动画的中间帧并不需要全部由创作人员逐帧描绘，只需要绘出若干有代表性的关键帧画面，其余各帧画面由计算机根据关键帧画面的设定以及模型化对象在某些时间点上的位置、形状、旋转角、纹理和其他参数而自动内插生成，从而大大节省了创作的时间，是计算机动画中最基本并且运用最广泛的方法，几乎所有的动画软件如 Maya、3DSMAX 等都使用这种技术。要表现二维动画人物笑的动画过程，只需要帧标记帧 1、帧 2 和帧 3

为关键帧，而其他帧可以由这三个关键帧的参数由计算机生成。

变形动画将动画对象从状态转变为另一种状态，转变的中间过程通过起始状态和结束状态的数据计算得到，常用动画软件如 3DSMAX、Maya 等都具有类似功能。

六、计算机网络技术

计算机网络是建立在通信技术和计算机技术的基础上，按照网络协议将分散独立的计算机和通信设备连接起来，以功能完善的网络软件实现资源共享和信息传递的系统。

1.计算机网络体系

计算机网络由网络硬件和软件组成。网络硬件是计算机网络的物质基础，主要包括服务器、工作站、连接设备、传输介质等。网络软件是实现网络功能的主体，包括网络操作系统和网络协议等。网络操作系统运行在网络硬件基础上，提供共享资源管理、基本通信、网络系统安全及其他网络服务，其他网络软件都需要其支持才能运行。连入网络的计算机依靠网络协议实现通信，而网络协议需要依靠在具体网络协议软件的支持下才能工作。

计算机网络按覆盖范围可分为局域网、城域网和广域网。局域网（LAN）是小区域范围内的计算机网络，数据传输率高可达 1 000 Mbps，具有价格便宜和误码率低的优点，常见拓扑结构有星型、环型、总线型、树型和网状拓扑等。城域网（MAN）通常使用与 LAN 相似的技术，可以覆盖一个或若干城市。广域网（WAN）是覆盖国家级或国际范围地域的网络，通常要依托公共通信网络。

2.IP TCP 协议

IP 是互联网络协议的简称。IP 协议与 TCP 协议并列为 TCP/IP 协议集合的核心。互联网通过 IP 协议实现不同物理网络的统一，实现了真正意义上的网络互联。IP 技术的核心是支持网络互联的 TCP/IP 协议，通过 IP 数据包和 IP 地址将物理网络细节屏蔽起来提供统一的网络服务。现有的 IP 协议为 IPv4，但由于互联网地址空间的不足和新的应用需要，对 IPv4 做出了简单的、向前兼容的改进，提出了 IPv6。IPv6 不仅解决了 IPv4 的地址短缺难题，而且可以使互联网摆脱复杂难以管理和控制的局面。

TCP 是面向连接的协议，提供可靠的全双工数据传输服务。TCP 具有面向数据流、虚电路连接、有缓冲的传送、无结构的数据流和全双工连接等五个特征。IP 只提供一种将数据报传送到目标主机，但不能解决数据包丢失和乱序递交等传输问题。TCP 协议则解决 IP 协议的问题，两者相结合而成的 TCP/IP 协议集合提供了互联网可靠传输数据的方法。

七、数字存储技术

与模拟信息相比，数字信息具有数据量大、并发性和实时性等特点，对系统计算速度、性能以及数据存储的要求更高，既要考虑存储介质，又要考虑存储策略。目前广泛应用的主要存储技术有磁存储技术、光存储技术和半导体存储技术等。

1. 磁存储技术

虽然各种新型的存储媒介不断涌现，但磁存储技术以其优异的记录性能、应用灵活、成本低廉的优势和技术上的巨大发展潜力，成为信息存储领域的主流技术。磁存储技术可分为模拟磁存储和数字磁存储两种。前者主要用于记录模拟图像和模拟声音信号，记录和输出模拟信号；后者采用二进制信号记录数字信息，设备主要包括硬磁盘、软磁盘和磁带等。

硬盘具有容量大、体积小、速度快、价格便宜等优点，硬磁盘存储技术应用最广泛。硬盘性能指标包括镕基、平均寻道时间、缓存和传输速率等。目前，主流硬盘的容量在1 000G 以上，转速 10 000 rpm，平均寻道时间大约为 7 ~ 9 毫秒，缓存 32 MB，传输速率达 160 MBps。硬盘主流接口主要是 IDE、SATA 和 SCSI 等。尽管单一硬盘的存储容量已经达到了比较可观的程度，但对于迅猛发展的数字媒体信息来说，在追求大容量同时还需要增强存储系统的可靠性，从而出现了由多个硬盘构成的存储系统磁盘冗余阵列（RAID），综合解决了磁盘存储系统的吞吐速度和可靠性问题。

2. 半导体存储技术

半导体存储器种类繁多，容量和存取速度发展非常迅速，应用领域也日益广泛。根据其读写特性，可分为随机存储器（RAM）和只读存储器（ROM）两大类，还可细分为Flash、ROM、SRAM、EPROM、EEPROM 和 DRAM 等。

闪存芯片的存储容量已经达到了上百 GB，而且随着半导体和集成技术的发展，闪存芯片的容量还会大幅度提升，常见的闪存类型有 SM、CF、MemorySticks、MMC、SD、XF、U 盘、C-Flash 等。

3. 光存储技术

光存储技术是将计算机生成的携带信息的数据送入光调制器，采用激光照射介质并与介质相互作用，导致介质的性质变化而存储信息。光存储系统通常分为记录信息的光盘和光盘读取设备两大部分。

光存储技术以其存储密度高、存储寿命长、非接触式读写、信噪比高以及价格低等优点成为数字媒体信息存储的重要载体。光存储技术可以按多种标准进行分类。

4. 网络存储技术

网络存储技术具有安全性高、动态扩展性强的特点，是近年来高速发展的技术，许多基于工业标准的网络存储方案在视频管理制作和播出等方面都已经得到了广泛应用。网络存储技术按照发展的先后顺序，可以分为以下几种。

（1）DAS 和 SAS 技术。直接附着网络存储（Direct-Attached Storage，DAS），适用于早期的简单网络。典型 DAS 管理结构基于 SCSI 并行总线，存储设备与主机操作系统紧密相连。20 世纪 80 年代，出现了附着服务器的存储（Server-Attached Storage，SAS）。SAS和 DAS 类似，但使用的是分布式方法并仰赖于局域网连接实现。SAD 和 SAS 的存储都直接依附于服务器，使用存储共享都是受限的。

（2）SAN 和 NAS 技术。存储域网络（Storage Area Network，SAN），是存储技术与网

络技术密切结合的产物，是一个用在服务器和存储资源之间专用的、高性能的网络体系，使用 SCSI-FCP 典型协议组，能为网络应用系统提供丰富、快速和简便的存储资源，又能集中统一管理网络上存储的资源，可以作为媒体业务管理的结构，也可以作为视音频播出服务器的网络化构架，成为当今理想的存储管理和应用模式。

附于网络的存储（Network Attached Storage，NAS），设备直接连接在网络上。NAS包括一个特殊的文件服务器和存储设备。NAS 服务器采用优化文件系统，并且安装预配置的存储设备。由于 NAS 连接在局域网上，客户端可以通过 NAS 系统与存储设备交互数据，也可以通过磁盘映射和数据源建立虚拟连接。

SAN 以数据为中心，具有高带宽块状数据传输的优势，而 NAS 以网络为中心，更加适合文件系统级别上的数据访问。根据两者强烈的互补性，可以使用 SAN 运行数据库、备份等关键应用以集中存取与管理数据；而使用 NAS 完成客户端之间或者服务器与客户端之间的文件共享。

（3）IP 网络存储技术。随着 IP 和以太网数量的激增，可以采用与构建互联网相同的基础支持对网络存储的需求。服务器可以在运行 TCP/IP 的以太网上安装 iSCSI 驱动，从而能够存取计算机上 SAN 中的数据块，可以利用基于 TCP/IP 的以太网来无限制地扩大存储容量和带宽，来构建任何大小的网络以适应各种各样不同的存储需求。

八、移动数字终端技术

随着数字新媒体无线和移动服务平台的迅速壮大，特别是移动数字媒体独特的信息获取与交流的优势，近年来手持移动数字终端发展势头迅猛，已经成为获得信息和媒体服务的重要途径。

1. 手机

手机是移动通信系统中的便携可移动通信终端。第一代手机（1G）是模拟手机，技术上类似于简单的无线电双工电台，通话频率固定，易于被窃听。从第二代手机（2G）开始进入数字手机时代，利用数字信号处理传输语音和数据，GPRS 和 WAP 等数据服务以及基于移动 Java 平台的程序扩展等功能。第三代手机（3G）是指融合移动通信与互联网多媒体通信的多媒体数字手机，能处理图像、音乐、视频流等多种媒体形式，提供包括网页浏览、电话会议、电子商务等多种信息服务。第四代手机（4G）集 3G 与 WLAN 于一体，并能够传输与高清晰度电视不相上下的高质量视频图像和音频信号，能够满足几乎所有与无线服务有关的要求。手机的发展将偏重于安全和数据通信，一方面加强个人隐私的保护，另一方面加强数据业务的研发，更多的多媒体功能被引入。

2. 媒体播放器

MP3 播放器凭借着小巧体积和使用方便等优点，替代了磁带、CD 等音乐播放产品，迅速占领便携音乐播放器的市场。而结合了视频等播放的新一代个人数码娱乐终端 MP4，又取代 MP3 成为市场的主流。MP4 是在 2002 年由法国爱可视公司发布的，2003 年 9 月出现了第一款能摄像的 MP4。现在的 MP4 功能已经融入到了数码相机、数码 DV、移动硬盘、MP3 和手机等多种数码产品中，独立功能的 MP4 市场也在逐渐萎缩，如典型的 MP4 播放器。

3. 平板电脑

平板电脑是一种小型、方便携带的个人电脑，以触摸屏作为基本的输入设备，触摸屏允许触控笔或数字笔而不是传统的键盘或鼠标操作，用户还可以通过内建的手写识别程序、软键盘、语音识别或者一个真正的硬件键盘输入信息，从而大大提高了应用的便利性。平板电脑由微软总裁比尔·盖茨（Bill Gates）于 2002 年提出，从微软提出的平板电脑概念产品上看，平板电脑就是一款没有翻盖和键盘、小到可以放入女士手袋，但却功能完整的 PC。

平板电脑本身内建了应用软件，用户只需要按照自然习惯通过触摸屏幕上书写的方式，就可以将文字或手绘图形输入计算机。平板电脑按照结构可分为集成键盘的可变式平板电脑和外接键盘的纯平板电脑两种类型。虽然平板电脑的概念由微软公司提出，却是因苹果公司的系列平板电脑的推出而为众人所知，平板电脑的代表产品分别是 Surface 和 iPad。

九、数字媒体信息安全技术

数字媒体信息本身易于复制和传播的特性带来的数字作品侵权更加容易、恶意攻击和篡改伪造数字媒体内容等问题也日益严重，应该引入数字媒体信息安全技术来提高数字媒体信息的安全性。

1. 数字媒体信息加密技术和数字签名

数字媒体信息往往通过计算机网络传输，在传输过程中会遭遇多种安全问题，应用于计算机网络的安全技术自然也引入到数字媒体信息的安全性保护中来。与计算机网络安全技术类似，加密技术也是数字媒体安全技术的基础，为存储和传输中的数字媒体信息提供机密性、数据完整性、身份鉴别和数据原发鉴别等方面的安全保护，还能阻止和检测其他的欺骗和恶意攻击行为。数字媒体加密技术包括对称加密技术和非对称加密技术两种。加密技术使用相同的密钥加密或解密数字媒体信息，而非对称加密技术使用不同的密钥加密或解密数字媒体信息。数字签名技术使用散列函数对数字信息进行签名，在原始信息上附加数据以保证信息的完整性，认证发送者的身份，防止交易中抵赖的发生，是不对称加密技术的典型应用。

2. 数字媒体信息隐藏技术

信息隐藏利用人感觉器官对数字信息的感觉冗余性，将用作识别的信息隐藏在需要传输的原始信息中，隐藏附加信息后的信息引起的感受与原始信息并没区别，使人无法觉察到隐藏的数据，也不会改变原始信息的本质特征和使用价值。信息隐藏技术包含隐蔽通道、隐藏术、匿名通信和版权标识等技术。隐藏技术把标识信息嵌入或隐藏在原始信息中，通常假设除信息发送方和接收方之外的第三方不知道隐藏信息的存在，只能用于互相信任的双方之间点到点的信息传输。

3. 数字水印技术

与数字信息隐藏技术相似，数字水印技术将如作者信息或个人标志等信息，以人所不可感知的水印形式嵌入到原始信息中，通过自然感官无法感知水印的存在，只有专用的检测器或计算机软件才可以检测，具有可证明性、不可感知性和稳健性等特点，是一种有效的数字媒体信息保护和认证技术。在数字媒体信息中加入数字水印技术可以确认版权所有者，认证数字媒体来源的真实性以及识别购买者，确认所有权认证和跟踪侵权行为。

数字水印技术可以按照多种标准分类。按照其稳健性数字水印可分为鲁棒数字水印、半易脆数字水印和脆弱数字水印。按照数字水印所嵌入的原始信息类型可分为图像数字水印、音频数字水印、视频数字水印、文本数字水印、印刷数字水印以及网络数字水印等。按照水印检测过程分为明水印和盲水印。按照数字水印的内容分为内容水印和标志水印。按照数字水印用途可分为版权保护水印、篡改提示水印、票据防伪水印和隐蔽标识水印等。

4. 数字版权管理技术

数字版权管理（Digital Rights Management，DRM）是随着电子音频视频节目在互联网上的广泛传播而发展起来，采取信息安全技术手段在内的系统解决方案，在保证合法的、具有权限的用户对数字图像、音频、视频等数字信息正常使用的同时，保护数字信息创作者和拥有者的版权，根据版权信息获得合法收益，并在版权受到侵害时能够鉴别数字信息的版权归属及版权信息的真伪，以保证数字内容在整个生命周期内的合法使用，平衡数字内容价值链中各个角色的利益和需求，促进整个数字化市场的发展和信息的传播。具体来说，包括对数字资产各种形式的使用进行描述、识别、交易、保护、监控和跟踪等各个过程。数字版权保护技术贯穿数字内容从产生到分发、从销售到使用的整个内容流通过程，涉及整个数字内容价值链。数字版权管理通过对数字内容进行加密和附加使用规则对数字内容进行保护，使用规则可以判断用户是否具有权限播放此内容，为数字媒体信息提供者保护其所拥有的数字资产免受非法复制和使用提供了技术手段。

第四章 我国传统广播电视媒体与新媒体

融合发展的特征与模式

第一节 我国传统广播电视媒体与新媒体融合发展的特征

一、以产业链层面为基础的特征

产业链是以产业经济学范围来阐述的一个概念，是以各产业部门为主体的，以特定技术经济关联为基础，以特定逻辑和时空布局为依据逐渐演变而成的具有互联性和交互性的链条式关系。在媒介生态环境逐渐变化的背景下，我国广电媒体的产业链也发生了明显的全方位的改变，产业链由固有的封闭向自由开放的转变以及垄断渠道模式逐步向开放平台模式的迈进是改变的主要趋势。

（一）产业链变化：纵向分离和横向分解

从传统媒体技术条件来看，无论是信息生产、传输还是信息需求等环节都呈现了明显的封闭性、垄断性特征，媒体可以以线性模式为载体，借助有限的生产使其更好地契合有限需求。在此背景下，报业、电信和广电产业等都可以以封闭产业链条为范围界定实现盈利模式和运营模式的建构。所以，在之前资源相对较为匮乏的时期而言，传统产业竞争也具有明显的封闭性和独占性特征。

随着科学技术的发展以及三网融合的持续推进，传统广电产业一家独大的局面被打破，以产业链角度对其进行审视可以发现，信息产业链在横向和纵向均发生了分解的现象。基于传统广电媒体模式背景下，广电机构产业链都具有一定的完整性，无论是上游内容、下游渠道，还是基础网络等控制权都集中在广电手中，导致以产业链为主体的各个环节中并没有竞争者的存在。在市场和技术的作用下，也给传统广电产业链的纵向分离提供了重要动力，以内容、渠道和网络为主的环节逐步分化，并以产业发展规律为遵循实现了以各自为主体的运营。首先，台网分离，网络逐步从电视台中分离出来，并成为一个独立化、市场化的网络公司，市场价值也得以凸显；其次，制播分离，由电视台为主体，以内容制作为对象实施的分离，并推动了市场化传媒公司的建立，并以市场主体的角色参与到市场竞争当中，而电视台仍然对渠道具有管理作用，其事业身份也没有受到动摇。

正是在技术和政策的共同作用下，使信息产业链的纵向分离和横向分解同步进行，之前广电在内容和渠道等领域也出现了越来越多的竞争者。

从内容生产角度来看，电视台虽然承担着新闻内容制作的工作任务，但是伴随着节目多样化的发展趋势，许多内容制作公司也层出不穷。可以说，社会化公司是当前内容制作的主体。同时，依赖信息技术发展，每个人都可以作为信息内容的生产者和传播者。尤其是 Weh2.0 阶段的到来，信息生产者、传播者和消费者之间的界限越来越模糊，而且三种角色在特定环境下还能实现有效的互换。用户生产信息模式是对以往专业生产信息者模式的补充与完善，不仅提升了信息内容和信息形态的丰富性，而且内容生产也由之前的有限的生产能力向无限生产能力过渡。

从传播渠道角度而言，依托技术发展对信息传播渠道起到推动作用，并逐步向多样化渠道迈进。首先，数字化技术的出现使频谱资源逐渐增多，广电媒体在数字化改造的作用下，其频道和频率逐渐增多，契合了当前市场和受众对信息的需求。其次，在互联网崛起的背景下，网络已经成为当前进行信息传播的主流平台，不仅推动了传播渠道的多元化发展，而且信息在相对自由和互动性较强的网络环境下进行传播，也使得用户观看更加自由，并可以根据自己意愿进行点播和下载。与传统广播电视相比，用户具有较大的选择权。近年来，信息传播渠道更加丰富，信息渠道"过剩"成为当前阶段的重要标志。此外，为了提升自身的竞争优势，不同渠道间的竞争也在逐步增加，这也是影响当前内容同质化和低质化现象的重要因素。

从信息终端角度来讲，传统媒体时代对特定介质载体的依赖性较强，电视机是常见的信息接收终端，处于此背景下的观众只能在固定时间和固定地点进行电视节目的观看。伴随着数字技术的出现，信息和介质之间出现了分离趋势，经过数字化处理的信息可以依托多个智能终端来呈现。同时，依托网络技术，还使信息传播更加自由化，无论何种与网络进行连接的信息终端，都可以保证其接收信息的随意性，正是借助信息终端多样化特征，使得信息消费便捷性更强。

（二）产业链转型：从渠道模式向平台模式

随着三网融合的逐步推进，碎片化和无限化成为信息生产、传输和消费的主要趋势。在市场资源完成向相对丰裕过渡后，随之而来的产业竞争方式也必将出现本质的变化。如果将传统广电的产业结构作为渠道模式来看，那么广电全媒体则可以看作是具有开放性特征的平台模式。渠道模式简单来讲就是依靠传统技术条件，使得信息生产、传输和消费都集中在固定且封闭的单一产业链条内，并由专业人员对信息进行制作，以固定渠道为载体实施的点对面式的单向传播过程。之所以被称为渠道模式主要是因为处于产业链中的各个环节都是以渠道为核心来展开的。而传统广电则是这一模式的典型体现。基于渠道模式背景下，处于产业链中的各个环节的市场份额都属于传统广电的控制范畴。（见图4-1）。

图 4-1　渠道模式产业示意图

平台模式是以渠道模式为基础对其予以的更改与调整。信息平台简单来讲就是建构在海量端点和通用介质间的一个交互空间，可以借助特定规则和机制以此实现海量端点间的交互。平台模式并不是对观众进行信息内容的灌输，而是以受众为主体和面向为其提供特定服务内容的信息服务平台，在此背景下，用户不仅可以以自身需求为依据来对所需内容进行定位和查找，而且还可以实现信息生产者和消费者的有效对接，并加快了一对一、一对多和多对多方式的双向互动交叉传播，以多元化和无限的信息生产能力为载体更好地契合无限且多元的信息需求。

对渠道模式和平台模式予以对比可以发现，两者的区别主要存在以下几点：第一，渠道具有较强的封闭性特征，无论是传播内容还是秩序，都受传播者的个人主观控制，受众在接收和选择过程中比较被动；而平台开放性特征明显，平台也囊括了丰富的内容和服务，用户可以以自身需求为导向实现对内容的选择，进而来确定内容的秩序；第二，渠道是单向的，信息传播过程也就是传播者向接收者传达的过程，接收者对于所接受内容的评价和看法想要对传播者进行有效反馈较为困难；平台是具有双向性和互动性的，信息生产者和消费者之间并没有中间环节，消费者自身的评价和意见等都可以依托平台实现有效的反馈，帮助信息生产者更好地了解消费者的看法。

二、以业务组织结构层面为基础的特征

（一）业务结构：从制播合一转向制播分离

据了解，传统广电媒体主要是以播出渠道为依据而形成的业务结构，且所有业务对具有特殊独立性的生产播出单位频道和频率依赖性较强，制作和播出同时进行，并借助制作来为后续的播出奠定基础并服务。这也就是说，只要有新的播出渠道的播出，那么就必须对现有业务结构和组织结构予以复制，以此来与新的播出渠道相适应。广电全媒体业务结构主要是以功能作为参考和依据，将制作、播出和营销等环节分离开来，每个业务模块之间都客观存在着上游和下游之间的关系，且每个业务独立发展，既相互整合又相互独立，既实现了对资源的有效节约，又提升了效率。

以全媒体业务和流程为基础，广电全媒体业务结构也可以划分出以内容生产、集成播控以及媒体营销为主的三个层次，在此背景下，也推动了融合生产平台、全媒体集成播控平台和全媒体营销平台的建立，这三个平台也是全媒体业务结构的核心所在。

1.融合内容生产平台

将全媒体与传统广电媒体进行比较可以得知，全媒体内容与传统广电媒体有着明显的变化。具体来讲，全媒体在内容生产过程中主要是围绕融合内容生产平台进行的，在此过程中媒体融合具有的特征也得以体现。例如在进行新闻制作时，记者服务的媒体和栏目并不固定，而是以全媒体记者的身份而存在。全媒体记者依托多类方式实现的多样化形态信息的采集，都可以借助网络实现在融合内容生产平台上的展现，负责产品编辑和媒体编辑的工作人员会对上传的信息内容进行加工，从而以差异化的媒体终端为基础使其以新闻产品、新闻应用和新闻服务的类型而存在。此外，UGC 也是获得新闻内容的重要来源，手机、电脑等都可以作为用户进行融合内容生产并提供重要新闻信息的方式。

2. 全媒体集成播控平台

据了解，信息所面向的对象不仅仅局限于媒体终端和媒体渠道，而是以全媒体传播作为主要针对对象是全媒体集成播控平台的显著特征，同时其在为用户提供服务时也主要以"直播＋点播"的方式为主。想要推动上述目标的实现，广电全媒体就要保证各媒体播控平台的顺畅度，赋予集成播控平台直播流和内容云功能，这也是一云多屏全媒体传播实现的基础。

3. 全媒体营销平台

以全媒体条件为背景可知，媒体营销开展过程并不是以特定媒体版面或内容来讲的，而是对其下的媒体平台和终端进行的统筹和规划，以此来为广告商提供以全媒体组合为主的营销服务。此外，全媒体营销平台为了满足用户营销内容的需求，还提升了全媒体盈利模式的丰富性。

纵观广电全媒体可以发现，其三个业务平台和业务环节之间的连接都是以双向传输网络、生产和播控等为基础，以此保证以信息沟通为主体的及时沟通。用户对于已经接收的信息内容的评价以及此过程的体验等能够反馈到内容生产和播控环节中，并保证了其及时性，在此背景下广电全媒体也能更好地契合用户自身需求。

（二）组织结构：从直化转向扁平化

传统广电媒体组织形态主要有中心制和频道制两种分类。中心制，简单来讲就是基于职能划分实施的垂直管理体制，并以职能不同建立起了相应的中心，且在各个中心职能相互配合的背景下，共同为电视台总体发展目标的实现贡献力量。20 世纪 90 年代以来，不仅我国传媒产业化进程得到了深入的推进，频道数量有了明显的提升，而且频道作为市场竞争主体而存在，我国广电媒体实现了向频道制的有效过渡。也正是受到频道制的影响，频道的生存和竞争意识得到了充分的强化，相应地，其独立意识的强化也逐渐突出。资源主要以频道为依托从而为单位提供了配置服务，且处于各个频道间的资源又互为独立而存在，既无法保证频道之间的有效沟通与交流，又阻碍了竞争合力的形成。

伴随着广电媒体向全媒体转变，业务结构和媒体组织结构也发生了较为显著的变化。如果用垂直化来概括传统广电媒体组织结构，那么广电全媒体组织结构则存在明显的扁平化特性。其与三大业务平台是相互对应的，所以广电全媒体的组织结构主要可以细分为以下三个组织单元，即内容生产中心、集成播控中心和营销运营中心。

1. 内容生产中心

对内容生产中心予以深入研究可以发现，其核心定位就在于内容提供商。不仅全媒体内容制作由其来负责，而且把制作好的媒体产品以广电全媒体名义向所有媒体终端投放也是其主要工作职责。依托这种制播分离的方式，内容制作中心可以实现公司化运营，并以市场主体的角色来参与到市场竞争当中。

2. 集成播控中心

集成播控中心主要负责内容就是全媒体的传播，并以各媒体终端用户为对象，以此来向其提供多种类型的服务。集成播控中心是确保播出安全的重要因素，以我国现实环境为立足点而言，想要走出事业性质的桎梏任重而道远。

3. 营销运营中心

营销运营中心主要负责的工作内容就是以全媒体为主体实施的运营与营销活动，并将全媒体资源予以整合，从而保证为用户提供服务的个性化和全面化特征。同时，还可以以广告客户为面向向其提供以全媒体为主的、具有精准性的广告营销组合，并以广告模式为基点向多元化盈利模式的延伸。

广电全媒体组织结构从本质来讲并不是对以往中心制的回归，两者有着明显差别。传统中心制在进行划分过程中主要是以职能作为划分依据，虽然被划分，但是各职能之间相互联系与配合的关系并未被割裂；而广电全媒体的组织单元是基于业务和流程的背景来实现的，以此形成的以上下游为主体的产业关系。同时，广电全媒体对于频道频率的竞争主体地位持有不排斥的态度，而是以广播电视频道频率为基点向更多样化的媒体终端这一对象予以拓展，即使固有的传播范围得到了开拓，又使其影响力得到了快速提升。

三、以发展层面为基础的特征

（一）发展相对滞后

就整个媒体融合重塑现状来讲，我国广电全媒体发展滞后性特征较为明显，这主要通过以下两个方面得以体现：第一，将其与报业全媒体予以对比可以看出，广电全媒体发展滞后性显著。自2005年以来，报纸不仅受到了来自网络新媒体的冲击，同时，金融危机也是阻碍其发展的重要因素，在此背景下，无论是报纸的发行量还是广告收入都在快速下降。报纸媒体为了保证自身的生存和发展，最先提出了全媒体的口号，并以此为方向进行了深入的探索。在2006年至2011年这时期内，我国报业在全媒体领域的探索已过了5年，尤其在2010年这一期间，是探索较为集中的时间，我国数十家媒体也纷纷尝试借助新媒体来推动自身发展与转变。反观广电媒体可以看出，虽然也受到了网络的冲击与挑战，受众和广告流失现象严重，但是并没有威胁到它的生存，导致其在全媒体建设方面没有良好的预见能力，也很少有广电媒体提出向全媒体方向发展的口号，主要做法就是不改变传统的媒体运营方式，并在此基础上实现广电新媒体的发展，在对以全媒体为主要转型发展方向等方面也缺乏有效的规划。从整体角度而言，传统广电媒体和新媒体依然是相互独立的个体而存在，媒介融合依然有很长的路要走。第二，将我国广电媒体与国外广电媒体进行对比可以得知，国内广电媒体依然处于封闭垄断行业的地位，这也就使得固有的行业壁垒依然存在，在此背景下无论是体制、技术，还是观念等方面，都存在明显的滞后性，全媒体化的发展也因此受到制约。

（二）政策主导性强

据了解，广电媒体是国家事业单位，因此也承担文化宣传的重要责任。客观来讲，广电行业依然是众多行业中影响力较大的行业类型，它的任何动态不仅关系着我国媒体发展格局，而且也涉及我国文化主权以及公共服务等多个方面。在对我国广电全媒体建设的过程中，并不是以单个媒体为主的发展决策，而是基于全国范围内的广电媒体统筹发展背景下，以行业主管部门为引导，以政策为路径来实现的协调发展，这也是我国广电全媒体发展具有明显政策主导性特征的最根本体现。以媒介融合环境为背景而言，无论是处于三网融合中的何种新业务，其推出必须在广电总局审批和认可的背景下来进行，而广电总局对于新媒体业务的管理与审批，不仅是对传统广电行业实施的具体保护措施，而且也是限制广电全媒体发展的侧面体现。

（三）产业链复杂

将广电全媒体与报业全媒体进行对比可以得知，其复杂性更强。这是因为报业全媒体发展是以本行业为基础实施的一种内部转型方式，而广电全媒体发展与三网融合有着密切关系，除了与本行业有着紧密联系外，也与电信和互联网行业息息相关，这也决定了其产业链构成复杂化和参与主体多元化的特性。在三网融合不断推进的背景下，我国广电也在逐步向开放化所迈进，其产业环境必将越来越复杂；传统广电需要向新的网络传播渠道拓展与探索作为主要侧重点，而新媒体也将在传统电视终端的设计作为主要方向，从而与传统阵地展开争夺。基于此，互联网服务提供商和硬件设备制造商纷纷加入到这一领域中，民营网站开始建立以全媒体为背景的平台。上海文广总裁黎瑞刚也曾提到，在以往传统广电封闭产业链时代中，如果整个产业链的价值共有100块，那么百分之九十的资金都会落入到广电手中；伴随着产业链的逐渐开放，参与主体的多元化，整个产业链的资金可能会有所上涨，或许由以往100块上涨到500块，传统广电获得的资金也会由之前90块变为200块，而剩下的300块则落入到别人口袋之中。这也就是说，基于整个产业链背景下，与用户终端的距离决定了其产业链中的话语权和分享的利益多少。

第二节　我国传统广播电视媒体与新媒体融合发展的模式

一、台网合一模式：融合式全媒体

广电全媒体从本质来讲就是传统广电和新媒体的融合，也就是台网融合的问题。融合式全媒体旨在以"台网合一"为载体以此来推动媒介融合的快速实现。融合式全媒体，简单来讲，就是指在传统广电在与新媒体融合的背景下，对各媒体渠道予以挖掘，并依托整体业务流程和组织的重新建构，以此形成的"集约化生产、多渠道分发"的内容生产和传播格局，以此推动以多样化媒体手段为主体的整合。据了解，现阶段部分广播电视在"融合新闻中心"等方面进行了积极探索，这都属于融合式全媒体的发展模式范畴。

融合式全媒体是从根本出发针对传统广播电视媒体进行的变革，从而推动了传统广播电视由以往的单一媒体逐步向多种媒体融合方向的转变。在此背景下，就需要以内容生产流程作为着力点对其进行重新建构，以生产流程改造以及多媒体平台的有效运营等为载体，以此推动特定内容在不同载体终端分发这一目的的实现。融合式的全媒体不仅给传统广播电视媒体时效性和功能性提供了重要的补充作用，而且信息传播过程中的价值增值也会逐步提升。

二、台网分离模式：扩张式全媒体

台网分离模式简单来讲就是在保持传统广播电视媒体现有体系和结构的背景下，对母体存在的各类资源予以充分运用，广播电视媒体以市场规律和媒介特性为依据进行独立发展，且网台能够相互独立进行运营，以此建构起的以传统媒体和新媒体共同存在并发展的格局。在此背景下，广电全媒体呈现出的是一种以扩张式为主的发展态势，即依托数量逐渐增多的新媒体运营平台实现的对新市场和传播渠道的有效拓展。

扩张式全媒体是以现有业务流程和内容体系为基础，对局部内容进行的创新过程，它可以避免对现有内容生产流程的更改，所以对传统广播电视媒体来讲其影响也相对较小，这也是传统广播电视媒体最具现实性的一种选择，扩张式全媒体保留了传统广播电视媒体固有的业务流程，但是传统广播电视媒体和新媒体之间又需要建立提供两者相关联系且内容资源方面的关联机制，从而为后续传统广播电视媒体内容资源能够向新媒体方向延伸提供重要保障。

目前我国广播电视媒体最常采用的就是扩张式全媒体发展模式，而 CNTV 则是这一现象的典型代表。CNTV 是由中央电视台创办且具有国家性质的网络电视播出机构，旨在打造集网络特色和电视特色为一体的具有全球化、多语种特征的网络视频公共服务平台。CNTV与中央电视台并不是统一的，而是相互独立发展的，在这个平台中，移动传媒、IPTV以及互联网电视等新媒体形态都囊括在其中。以多终端为面向业务设计时，CNTV实现了底层内容的全部贯通，同时，一个内容由多个平台进行分发并对其流程予以管控也得以实现，这也是全媒体、全业务覆盖得以实现的重要表现。

三、终端创新模式：应用式全媒体

终端创新模式，简而言之就是以传统广播电视的传播渠道为基础，借助终端创新实现对多种传播介质边界的有效突破，并以其他渠道和介质为依托的扩张活动，以此达到传播多渠道、多层次和全覆盖的目的，在此背景下，广播电视生产系统和社会传播系统也会呈现出开放性特征与关系。随着传播技术的不断发展，以往内容和渠道联系的单一性情况也被打破，信息传播渠道互联互通成为主要的发展趋势。当前社会处于媒介融合的时代，基于此背景下的受众注意力也极易受到外部影响而出现分化的现象。所以从传统媒体角度讲，要着重探索突破固有传播渠道和终端的有效方式，从而为具有多渠道、多终端的互通互动的实现提供重要保障。

伴随着科学技术的快速发展，传统广播电视内容转向多渠道发展也成为趋势，传统广电媒体内容也充分借助了传播技术逐步向其他渠道延伸和迈进。以湖南卫视《我是歌手》第一季为例，在播出期间受到了广泛关注，尤其是它的总决赛，在对总决赛直播过程中除了以往的传统电视、手机和互联网直播外，还依托院线体系进行直播，北京、上海等城市都成为主要覆盖城市。在这一过程中，将电视台、院线和手机客户端紧密联系在一起，形成了以电视屏幕、影院屏幕和手机屏幕为一体的三屏联动模式，所覆盖的受众类型和群体也有了明显的拓宽。

通过对湖南卫视《我是歌手》直播的分析可以得知，传统广播电视仅仅是以内容提供商的身份而存在的，所以它可以在不深入到技术平台建设和传输网络建设的基础上，以应用层面为平台以此推动全媒体传播的实现。这种做法不仅具有安全性和便捷性特征，而且风险也相对较小，对成本投入要求不高，这种以终端为对象予以创新的方式在当前广大传统媒体中获得了高度认可。

从总体角度来讲，基于终端进行创新的全媒体模式是以固有广播电视体系价值增量为基础的，但是从本质而言，它并没有深入到传统媒体体制和结构内部，因此这也是全媒体模式并不能实现规模和质量倍增效果的重要因素。

第三节　媒介融合背景下的传统广播电视业态整合

一、媒介融合背景下广播电视跨屏融合

（一）电视屏和电脑屏的跨屏融合

电视屏和电脑屏的融合方式主要分为以下两种，第一，主要是基于电视机应用终端背景下的融合，第二，则是基于电脑应用终端背景下的融合。

1. 基于电视机应用终端背景下的融合

在三网融合过程中，广电具有的电视终端和有线电视网络的可管控性优势明显，不仅权威性较强，而且主要是以政治为主导。而反观互联网可以得知，虽然其信息海量，但是并没有对其予以严格筛选，这也使得海量信息中存在大量无效且有害的信息内容。基于电视机应用终端背景下的融合可以对电视机具有的可管控优势进行充分利用，实现以互联网为平台的信息内容向电视机为平台的转移，这样人们在观看电视的过程中也可以直接了解到当前的网络头条内容，在这个过程中，一方面可以提升信息内容的管控性，另一方面也能使人们对电视机终端应用有更清晰的认识。

以"华数淘宝电视商城"为例，是从网络购物开始被纳入数字电视业务范畴的重要体现。电视淘宝商城的建立是对华数传媒和淘宝网优势资源的整合，并以三网融合为领域实施的一次重要探索。用户只需要打开电视，并利用遥控器就能享受到淘宝的乐趣。同时，电视淘宝商城的商品也较为丰富，囊括了以家具日用、服饰商品等为主的12类商品，杭州数字电视用户只需要借助电视进入到淘宝界面，即可挑选自己心仪的产品并进行购买。

尼尔森网联媒介数据服务有限公司针对电视淘宝商城的用户进行了一次细致的调查，在参与调查的用户中，100%的用户都知道淘宝网，借助电视来进行购物的人群约有61.2%，总体用户利用电视淘宝商城购买商品的意愿也比较强烈。

2. 基于电脑应用终端背景下的融合

基于电脑应用终端背景下的成功融合实践就是网络电视台的出现，也是处于三网融合背景下广播电视的重要发展契机。

自2009以来，网络电视台受关注程度越来越高，许多电视媒体也将自身网络电视台的建立作为着重探索和研究的内容。例如由中央电视台建立的"中国网络电视台"、湖南卫视建立的"芒果台"等，这些都是当时传媒的热点。对我国网络电视台的发展主要历经了三个阶段。

第一个阶段是电视台官方网站的建立和电视台网络社区的建立。在这一阶段中，宣传

是电视台官方网站的主要方式，宣传侧重点和内容在于自身建设方面，如新闻、电视指南、论坛、股票内容发布等。第二阶段是视频门户网站的建立。这一阶段网站内容较第一阶段相比更为丰富，除了第一阶段涉及的新闻等内容外，互动社区、视频收录等也被纳入到内容当中。在宣传的过程中，网站也具备了内容发布者和视频提供者的角色，并以网络为载体开展了初步经营。第三阶段是网络化电视台的建立。这一阶段的内容是最为丰富的，是集传统电视台播出内容以及自制节目内容为一体。在这一过程中，不仅对版权经营理念的认知更加深刻，而且具有鲜明的网台特性与优势的互联网视频播出平台也得以建立。网络电视历经上述三个阶段的发展，无论是组织结构还是运营目标乃至节目内容等方面，都逐步向完善化迈进，且所处发展阶段不同，侧重点也会有所差异。现阶段的网络电视台，从节目内容来源角来看，引进类内容是主要注重的内容，并呈现了向采编类、新闻类内容结合的方向延伸，自己采编并制作内容越来越受网络电视台的重视。

（二）电视屏和手机屏的跨屏融合

手机电视是以通信网和电视为主体，两者进行融合的典型产物。手机电视简单来讲就是借助移动通信和数字广播网络，分别以点对点或一点对多点的传输方式为载体，以囊括操作系统和视频功能的智能手机为平台进行的电视业务服务观看。

据了解，从我国市场来看，用户观看手机电视的方式主要分为以下三种，第一种是以电信运营商为主体和主导，以无线网络为基础为用户提供的手机视频服务。这种手机视频服务能够得以实现的关键就在于流媒体的支撑，用户收看时也有 WAP 和客户端两种收看方式。此种方式不仅收费具有一定的灵活性，而且互动性也较强，但是具有的宽带网络有限，导致播放的流畅性受到影响等弊端也不容忽视。第二种，主要是以广电运营商为主导，以手机和车载电视终端为对象进行的广播电视服务。这种方式具有图像清晰流畅等优点，但是由于主要以单向传播为主，缺乏较强的互动性。第三种主要是以电信运营商和广电运营商为主体来共同实现的。

在上述提到的三种方式中，CMMB 系统是由广电总局推行的，之后奥运东风试验播出为其发展与壮大提供了契机：2009 年，也是 CMMB 手机电视发展的关键阶段，既向网络覆盖方面有了拓宽，同时市场推广力度也有所加大。中广移动是 CMMB 的重要运营方，一方面通过广告这一方式实现品牌的推广，另一方面还建立了相应的销售门店，并具有 CMMB 产品体验、销售和服务等多种功能，截止到 2009 年，CMMB 信号覆盖地区已多达 231 个。之后一年，CMMB 系统被正式投入到商业使用中。客观来讲，CMMB 虽然处于稳步发展的过程中，但是内容建设方面存在明显的滞后性，营销模式也处于初期市场培育阶段，也正是由于这些问题的存在，使得市场担忧普遍存在。

据了解，我国手机电视依然处于发展阶段，无论是盈利模式还是技术条件都亟待完善。对我国手机电视进行审视可以发现，主要存在以下几个方面的问题：第一，节目内容缺乏。

手机电视内容来源主要有两个途径，一是广播电视，另一个则是个人原创。但是无论从哪个内容来讲，相对于手机电视来讲都属于"稀缺资源"。第二，使用效果有待提升。手机电视与其他设备相比而言，屏幕较小，且电池容量也是有限的，这些都会对观看效果产生影响。第三，技术标准缺乏统一性。在当前社会中，手机电视技术标准仍然存在多样化特征，也正是由于这些技术标准的不统一，给手机电视推广带来了难度。第四，管理体制不够健全。接收终端、运营网络以及内容等分别由移动电信运营商和广电运营商来掌握，想要推动手机电视的更好发展，就要将两者深入融合起来。但是在我国现阶段，针对手机电视业务管理并没有相应的条例，无论是信息产业部还是广电总局，手机电视该由谁主导的问题一直备受争议。

二、媒介融合背景下的广播电视产业整合：产业链和盈利模式

据了解，我国电视诞生初期对其定位是社会公共服务体系的范畴，具有强烈的事业性质。伴随着我国改革开放的逐渐深入，我国广播电视也逐步向产业化道路发展，无论是广播电视广告、节目制作还是品牌等也呈现出产业化经营的态势。现阶段，随着媒介融合的逐渐深入，预示着广播电视产业的新一轮整合即将开始。

（一）跨行业整合产业链

迈克尔·波特在关于企业和产业之间、区域间存在的价值联系予以深入的分析，其中也包括了有关产业链的概念界定。产业链简单来讲就是以特定产业为主体，基于生产等一系列相关产品和服务的背景下，以内在技术和经济关联要求为依据和参考，对相关经济活动、经济过程等以主次顺序为依据予以连接的链式结构，借助对信息量、物流和资金流等控制这一路径，依托原材料采购、中间产品制作以及最终产品形成这一流程，利用销售网络这一方式实现与消费者的对接，在这一过程中逐步形成的由供应商、制作商、分销商、零售商和最终用户为主体的功能链结构模式。

广播电视产业链主要是指在广播电视经营范围中的具有差异性且又存在内部联系的生产经营活动，以此建构起的具有纵向特征的功能链结构模式和基于广播电视内容产品背景下的产品生活和交换的过程中，由广播电视一系列流程至用户接收和消费这一过程中处于中上下游不同部门间的链式联系。由此可见，广播电视产业链的概念界定主要以需求角度为立足点，对媒体价值由以往生产转向现阶段消费。

传统的电视经营产业链为：货币资本—内容生产—渠道销售—获得特定受众—卖给广告商。在这个产业链当中，内容消费具有一次性特征，内容生产也是单向存在的，且收益主要通过以下两点表现：第一，是借助有线电视网络付费来获得收益；第二，是依托广告来获得的收益。之后，随着社会不断进步与发展，电视借助自己内容、智力和品牌资源等优势实现了对经济活动的有效开发，第三个收益渠道也由此产生，即依托活动获得的收入。

后来，由于资本并不是固定不变的，而是可以流通的，因此，电视业收益渠道在上述基础上又增加了资本收益这一内容。

对上述立体产业链的研究可以发现，内容产业链、渠道产业链以及终端是最为关键的内容。从内容产业链来讲，内容产业链主要囊括了多个主体，如内容提供商、广告公司和客户等。基于此背景下的内容提供商不仅仅担负着制造内容的任务，还可以以新媒体多样化的技术手段为载体，以此实现增值的目的，例如负责手机这一领域的电视内容提供商可以根据客户需求为其提供多样化的应用服务，如电子商务、手机炒股等。内容运营商需要将所要提供的内容予以整合，并进行集成化运营，主要包括内容整合、管理等。从渠道产业链来讲，设备供应商、技术供应商以及网络运营商等都属于渠道产业链中的重要组成部分。例如数字电视机顶盒制造商等就属于设备供应商的范畴。网络运营商主要可以细分为广电系统和电信系统两种，其中广电系统主要是用于数字网络信号的传输，而电信系统则是提供宽带网络和无线移动网络服务的系统。从终端角度而言，终端也可分为终端服务商、终端制造商、终端用户等。各地区的广播电视集团都是终端服务商，以此来负责业务宣传和推广，除了要提供相应渠道和服务以此保证内容的顺利播出外，还要根据用户具体需求为其提供个性化的定制服务并对已有服务类型等予以改造，为网络运营的高效与便捷提供重要支撑和全面服务。

（二）盈利模式多元化

盈利模式也被叫作商业模式，主要是指能够依托特定方式从而给企业带来可观的盈利能力的模式，不仅是探索企业利润来源的有效方式，而且也是生产过程研究、产出方式和管理控制重要措施。盈利模式思想的出现最初可追溯到美国《发现利润区》这一著作当中，作者认为，特定行业的盈利空间并不是一成不变的，而是具有动态性，并以产业链为区域向上进行游走，某些时期整个行业可能都会存在利润，或者整个行业都无法获得盈利，要对行业利润去予以挖掘，就需要对行业盈利要素和要素间契合程度为基础和前提。所以，从这个角度来讲，盈利模式就是以盈利要素为主体的各要素间的相互匹配与组合的模式。

对传统广播电视盈利模式予以探索可以发现，主要可以归纳为规模经济和广告盈利模式两种。广电既是内容的制作者，同时也是内容加工者和传送者，能够将丰富的信息向大众进行传达，之后再以受众注意力为吸引广告商的重要方式。以规模经济力量为依据和参考可以得知，收视率与观众数量和广电盈利能力存在正比关系，即观众数量如果逐渐增多，那么收视率将会有所提升，广电的盈利能力将会越强。但是从客观角度分析可知，传统广电的盈利模式还存在多个不可忽视的缺点：第一，从体制来讲，无论是电台，还是电视台，其市场主体的地位没有得到保障；第二，从经营方式来讲，电台和电视台在经营过程中依然采取传统的粗放型经营，集约化程度有待提升；第三，以终端服务来讲，传统广播电视并不能契合人们个性化需求，尤其是基于媒介融合背景下产生的新媒体形态更是给传统广播电视带来了巨大的冲击。不仅动摇了其霸主地位，而且其受众也出现了分流的态势。在此背景下，广电需要对盈利模式加以重视，并在拓宽其盈利模式上加大探索力度，而广电数字化和融合趋势则为上述的实现提供了支撑。

在媒介融合广电数字化发展的背景下，一方面是广播电视频道数量和服务范围得到了有效的拓宽，而且广播电视盈利模式也逐渐多样化起来。依托产业链的打造以此来获得增值效应，将固有的以广告为主要盈利模式转变为以多元化为载体的产业增值模式，借助产业化加快数字化的实现，以数字化的实现反作用于产业化。

据了解，新的多元化特性的盈利模式主要分为以下几点：第一，广告盈利。传统广电盈利主要是依靠广告来获得的，随着新媒体浪潮的到来，其对广告的依赖性逐渐减弱，但是主要地位仍然未改变。广告盈利主要是基于内容为王背景下的，从这个角度来讲，广电有广播电视内容做支撑，这也使得广电与其他媒体相比而言有较大优势的地方。第二，渠道盈利。渠道盈利主要是借助已经形成的用户渠道为载体，并利用此渠道进行产品销售以此获取利润，例如会员费和下载费，其中收视费是最为直接且便利性较强的渠道盈利方式，计费方式也可以分为流量计费、包月计费等。第三，销售盈利。由广电制作出的电视节目所面向的不仅是其他内容提供商，而且也面向国外市场，从而收获一定的收益。第四，增值服务盈利。增值服务提供商主要是借助运营商网络平台为载体来提供服务的，用户则使用增值服务提供商来完成消费行为。具体来讲，传输渠道和收费渠道主要是以运营商来提供的，服务主要是由增值服务提供商提供，内容产品由内容提供商提供。最终由运营商和增值服务提供商来予以分成，而增值服务提供商所获取的利润还要进一步与内容提供商再进行分成。在市场增值业务快速发展的背景下，已经被纳入到了运营商业务收入当中。以我国为例，增值服务在通信行业领域内呈现一定的普遍性，加之 NGB 的全面推广以及数字电视的迅猛发展，丰富多样的增值服务业必将被广电系统所推出。加大信息电视和各类社会资源的整合和合作力度，提升信息化产品内容的丰富性，加快集生活、教育等为一体的，面向全社会且具有开放性特征的网络平台的广泛建立，将缴费和远程教育等增值服务纳入增值服务内容当中。通过这样的一种商业模式，用户和商家都成为收费的主要群体，盈利渠道多元化也由此实现。

新的盈利模式概括来讲就是"广告收入＋收视费＋其他服务收入"的方式，盈利的基点也由传统的广告主付费向用户付费所转变。在这个模式应用背景下，用户不仅具有服务购买者的身份，同时也是收视费保障的重要来源，是营销的重心所在。

当今社会中，社会需求逐渐旺盛，据了解，我国自 2001 年以来，中国社会消费品零售市场的增长速度正在逐步加快，截止到 2008 年，我国的社会消费品总额已突破 10 万亿，这也是我国电视购物市场存在巨大潜力的直接体现。湖南广电集团准确把握住了这一机遇，并在早两年就新开了以电视购物为主的节目和频道，并利用自身现有的频道资源建立起了相应的有限责任公司。直至 2008 年年底，不仅实现了多个区域市场连锁经营，而且也收获了大量的忠实受众群体，累计销售额也突破了 30 亿。它的存在不仅帮助湖南广电产业实现了新业态和新市场的发展，而且也成为湖南广电集团获得收益的主要方式之一。

据了解，湖南广电集团的自身发展仅仅依赖广告收入这一单一模式，但是随着社会不断进步与发展，此种模式的弊端和隐患也逐渐显现出来。加之近年来新媒体的快速崛起，受众用户呈现分流的态势，给电视广告带来了严峻的挑战与压力，尤其是一些以地名频道为主的广告资源，面临的市场竞争十分激烈，导致恶性竞争现象层出不穷。在此背景下，湖南广电集团对现有的频道资源予以了整合，并在现有盈利渠道基础上积极拓展，从而借助"快乐购物"频道实现了对电视购物产业的有效经营。

"快乐购物"依托的主要渠道是全国范围内的多个经济发达城市，而辅助渠道则是网络、杂志。在现场直播的过程中，不仅保证了购物节目的同一性，而且后续商品开发、呼叫订购和物流配送也是统一的，此外还具有完善的售后服务和安全有保障的支付系统，推动了商业链条的有效对接。具体而言，第一，快乐购物是以家庭百货作为销售起点的，并遵循了薄利多销的营销模式，使其销售行为更加符合消费者的实际需求，以此推动消费者品牌忠诚度的建立。同时，销售的所有产品都是经过严格的质检程序检验，保证了产品质量。第二，快乐购物将大跨度的电视直播作为营销活动的主要切入点，推动了以午间 4 小时和晚上 6 小时为一体的直播格局的建立。通过直播这种营销方式，一方面可以使用户更好地参与到销售活动当中，提升其现场感，另一方面还可以赠品、限时抢购等营销手段，提升对消费者的吸引力。第三，快乐购物成立了全国统一的呼叫中心，以此为用户提供更全面的服务，并负责用户电话预定、反馈消费者投诉以及跟踪服务等多方面工作。第四，快乐购物以完善的物流配送为支撑，并与湖南的 EMS 进行合作，外包出的物流和仓储业务等都由其自身进行统一化的管理和管控，同时上门退货也是免费，具有完善的售后服务体系也由此建立。第五，快乐购物的盈利保障主要是依托多渠道回款的方式来获得的，依托针对商品流、信息流等方面的调控与控制，以此实现商品、节目、订购以及货款的支付与结算，从而在商品供应商和消费者之间建立起供应链和消费渠道。这也是获取利润的重要方式。第六，快乐购物在进行拓展过程中采取的方式为跨地区连锁。历经两年的发展，以长沙为运营总部、节目制作基地以及呼叫基地等得以建立，并形成了围绕广州和南京为中心、向珠三角和长三角辐射的运营网络。

北京电视台卡酷动画卫视也是盈利模式多元化成功实施的又一典型案例。卡酷动画卫视是在 2007 年开始运营的，主要借助公司化运营方式运营的，着重建立和打造以平台为中心的卡酷动漫产业链，"内容为王"是主要策略。卡酷动画卫视成功主要原因在于以下几点：第一，内容是卡酷动画的重要关注点，制作优良的具有原创性的动画作品一直是主要的发展方向。2007 年卡酷动画产量多达 3 900 分钟，2008 年，其产量已达到了 7 000 分钟，与之前相比增长了一倍左右。在产量增长的背景下，卡酷动画对质量的追求也并没有放松，《福娃奥运漫游记》《快乐星猫》等动画作品也广受观众喜爱。第二，主要以全新型的动画运营模式为主，不仅邀请了国内著名的漫画家和影视编剧来进行动画制作，以保证动画的质量和水准，而且在为动画配音时也邀请了著名的影视演员。从宣传和推广角度而言，卡酷动画还逐渐推出了丰富的活动。例如《福娃奥运漫游记》创作过程中就开展了相关创意征集活动，使得自身影响力得到有效扩大。之后，此动画作品也在上海、安徽等卫视频道播出，同时也向公交、地铁等移动传媒领域拓展，在此背景下卡酷动画的覆盖面也有了明显的拓宽。

第五章 新媒体时代传统广播电视与新媒体

融合发展的困境及成因

广播电视全媒体发展从小的方面来讲，与广播电视机构发展息息相关，从大的方向而言，则关系到整个广播电视行业的发展和兴衰，甚至也是三网融合成败的关键因素。传统广播电视要加大对自身优势阵地的巩固力度，并以此为基础加大在新媒体领域中的探索，实现从单一广播电视媒体向以新媒体和传统媒体融合为主的全媒体方向迈进。纵观我国传统广播电视与新媒体融合发展过程可以看出，其中存在着多种发展困境。对其原因予以探究可以得知，不仅有宏观战略层面的因素，而且也有微观战术层面的因素，既包括行业性因素，又具有传统广播电视机构自身因素，需要传统广播电视加以重视。

第一节 传统广播电视媒体与新媒体融合发展的困境

困境，简单来讲就是所处的较为困难的处境，我国传统广播电视与新媒体融合发展的困境，简单来讲就是传统广播电视媒体和新媒体在融合发展过程中遇到的较为困难的处境。传统广播电视与新媒体融合发展的困境主要包括了以下几个方面的内容，即生存困境、体制困境、资源困境和文化困境。这些困境的存在对于我国传统广播电视和新媒体融合发展带来挑战，同时也是不容忽视的重要内容。

一、生存困境：现实与发展之间的关系

在以传统广播电视为主的广电媒体向全媒体方向迈进和发展的过程中，现实与发展的问题是首先遇到的且不容忽视的问题。在网络媒体逐步发展的背景下，不仅给人们接触媒体的习惯带来了直接影响，而且媒体使用习惯也发生了改变。一旦人们对新媒体双向互动等传播方式和特征习惯后，那么他们对于传统媒体以单向传播为主的传播方式就会存在不适应性，给传统广播电视生存带来了危机，越来越多的观众也会由传统观看电视向依托电脑和其他智能终端观看的方式转变。在此背景下，广告商为了获取自身利益，也转变自身的营销方式，多媒体组合营销的方式是最常应用的营销手段。在传统广播电视的自身生存

与发展过程中，网络新媒体对其影响和冲击较大，所以传统广播电视要想使自身获得更好的竞争优势，就要认清当前形势，将全媒体自身转型的主要方向，加大对新媒体形态的探索与发展，从而更加契合用户当前的个性化和多元化需求。

然而就实际情况来看，我国传统广播电视全媒体发展依然处于起步阶段，尤其是向新媒体业务方向发展，依然没有较为清晰的盈利模式为引导，可以说现阶段传统广播电视向全媒体转型过程中，能够拿得出手的、获得市场高度认可的新媒体产品寥寥无几，许多围绕新媒体开展的业务投资数量也不多，致使传统广播电视处于亏损阶段。即使存在部分盈利的新媒体产品，也不能缓解当前传统广播电视亏损的现状，在此背景下，新媒体业务对于传统广播电视来讲存在形式化特点，导致许多传统广播电视机构对于新媒体持观望态度，并没有对其进行大力发展。正是由于传统广播电视对新媒体具有谨慎的态度，使得其能够抓住的市场机遇逐渐变少，民营的新媒体也正是基于此种背景下成长起来的。但是对于传统广播电视来讲，面临的困境主要是，如果不能依托新媒体获得自身发展机会，那么市场机遇将会逐渐减少，边缘化将是其未来命运；如果做新媒体，那么大量资源和资金的耗损不可避免，如果不能及时获得回报，还会对现有业务产生影响。因此，在现实和未来发展之间，传统广播电视要持谨慎态度并加大探索力度。

二、体制困境：主体与环境的关系

在传统广播电视转型过程中还面临着是市场体制还是事业体制这一现实问题。其中体制问题是主体与所处环境间存在矛盾的具体体现，环境是动态变化发展的，如果体制不能及时调整和更新，那么还会对主体发展起到一定制约作用。随着改革开放的逐步深入，我国经济环境已实现了向市场经济的过渡，但是反观传统广播电视可以看出，存在的体制问题依然未得到有效的解决，一方面，传统广播电视需要融入激烈市场竞争当中，并以主体地位而存在，从这一角度来讲，需要依赖市场化的体制机制；另一方面，传统广播电视是事业单位的重要组成部分，无论是体制还是机制上都存在明显的行政化色彩，在制定的管理体制上也存在不可规避的具有鲜明的国有企业特征的通病。国有企业领导对企业责任感略显不足，是关注企业发展业绩，通常注重上级领导评价以及自身利益，而企业是否能够保值增值则属于其次，可以说，企业出现的亏损现象都是由"新市场不够完善"导致的。

三、资源困境：所有与所需的关系

资源是所有与所需间内部联系的直接反映，从市场主体来看，资源短缺问题历来是一个永恒的话题，且短缺主要通过以下两点来体现，第一，是现有资源与需求资源间的不匹配，第二，是所需求资源相对不足的问题。然而，无论属于何种资源缺乏类型，都会对发展产生不利影响，是限制发展的重要因素。

传统广播电视在向全媒体转型过程中，缺乏具有关键性作用的资源是限制其发展的关键因素。传统广播电视资源困境主要通过以下两个方面得以体现：第一，需求资源与现有资源间的不匹配。传统广播电视是以传统媒体为背景下的最具实力的强势媒体，拥有人力、内容、设备等为一体的多种资源。然而，上述资源都是以传统媒体时代为背景下逐步积累与形成的资源类型，随着社会不断进步与发展，并不能实现向新媒体时代的延伸。例如传统广播电视媒体虽然内容制作方面的人才比较充足，但是对于新媒体平台运营的人才则十分缺乏；传统广播电视内容资源十分丰富，但是市场竞争力相对较差；传统广播电视无论是从品牌和影响力都较为强大，但是这些优点并不能向新媒体所延伸，正是由于资源不匹配情况，使得传统广播电视向全媒体转型过程中步履维艰。第二，在转向新媒体过程中没有相应的资源作为支撑。自新媒体诞生与发展以来，它是市场化产物这一特征就未曾改变过。新媒体得以成功不仅是其对市场机遇把握的体现，同时也是领先的技术资源和社会资本融合的体现。而传统广播电视既不具备先进的技术资源，资本实力也稍有不足。上述提到的资源困境将是广播电视向全媒体转型与发展过程中最为关键且具有长期性的问题。

四、文化困境：传统媒体文化和新媒体文化的关系

在传统广播电视与新媒体融合过程中，媒介文化差异是不可回避的问题。客观而言，传统媒体文化具有一定的保守性特征，而新媒体则崇尚自由与开放。也正是基于体制和传统差异的存在使得融合过程中不断出现文化冲突，这也是当前决定融合成败的重要因素。以时代华纳和美国在线融合为例来讲，最终以失败告终的根本原因除了资源整合过程中出现问题和经营模式存在问题外，媒介文化存在一定的矛盾也是重要因素。

美国在线属于互联网新媒体公司中的重要一员，主要是以用户需求和体验为依据和导向，借助操作灵敏和决策及时等优势，以此迅速占领市场。美国在线作为新媒体企业的关键组成部分，创新和冒险等企业文化是主要倡导的内容。时代华纳是当地知名的一家传统媒体，历经长期发展不仅具有悠久的传统，而且文化底蕴也十分深厚，也正是其属于传统媒体范畴，因此职业操守和社会影响是着重看重的内容。

21世纪初，美国在线和时代华纳进行融合，这也是传统媒体和新媒体进行整合的重要标志与体现，同时在市场中也有着较为广泛的认可度，认为两者能够充分发挥各自优势，实现优势互补。然而，实践却与人们预期的发展出现了偏离。两家企业融合之后，由于存在文化差异与冲突，使得摩擦频繁发生。从经营效益来讲，美国在线远不如时代华纳，但是在融合过程中处于主导地位，引起时代华纳员工的不满。他们认为，网络是基于传统市场而出现的一种新型市场类型，传统媒体具有的业务可以向新市场进行拓展。而美国在线员工认为，传统媒体提供的产品只不过是网络媒体发展过程中的"饲料"。正是由于时代华纳保守谨慎的行为习惯和美国在线自由开放的IT作风间的冲突与矛盾，使得原本处于两个阵营的对峙产生了严重的内耗，对其集团的正常发展与运行也带来了负面影响，基于

此背景下的经营决策、业务整合也无法得到顺利实施。时隔九年后，美国在线和时代华纳最终由融合又走向了分离，这也是全球范围内并购案例中较为典型的失败案例。

第二节　传统广播电视媒体与新媒体融合发展问题的成因

就我国传统广播电视和新媒体融合发展来讲，其中的新媒体业务依然要以传统广播电视具有的优势为核心，借助母体提供的各类优势资源和市场资源以此获得成长。深圳广电集团总工程师指出，传统广播电视与新媒体融合发展是否能够取得成功，关键就在于电视媒体属性和市场属性能够以新媒体为主要方向进行延伸。在实践过程中，传统广播电视与新媒体融合发展并不是畅通无阻的，而是面临着多个困境，融合过程中两者的优势并未整合成竞争优势，因此，想要使面临的困境得到有效解决，就必须明确问题的成因。

一、监管缺乏统一性，行业结构分散性特征显著

（一）行业监管缺乏统一性

传统广播电视的全媒体业务不仅仅会局限于自身行业，而且也会向其他行业领域有所拓展，也正是由于行业间存在的壁垒，制约了全媒体的有效整合。纵观我国现行的管理体制可以看出，媒体会受到同级党委宣传部门和行业行政主管部门的共同领导或多重领导，图书和报纸等属于新闻出版总署的管理范围，广播、电视和网络等受国家广电总局的监管，电信则由国家工信部进行管理。但是由于所处行业和部门间的利益有所不同，所以报刊出版、广电和网络等都被分割成条块，互相独立进行日常工作，在其内部存在的壁垒也逐步形成。2013年，政府机构出台了相应的改革方案，并对原本负责新闻出版的新闻出版总署和广电总局进行合并等内容做出明确回应，并以国家新闻出版和广电总局为名称而存在。这一举措，一方面使得传统媒体间的固有管理界限受到了冲击，为后续传统媒体间的整合提供了便利条件，另一方面也为全媒体格局的实现奠定了坚实基础。但是存在于广电和电信间的隔阂并未在上述措施中得到有效突破，给三网融合推进增加了难度，根本原因就在于广电和电信两大行业存在利益博弈。

三网融合的出现既是机遇也是挑战。机遇主要体现为广电和电信两大行业新业务拓展和新市场开拓提供了重要动力，挑战则是以广电为主体和以电信为主体的双方均可以向对方所在领域延伸，使得产业竞争压力逐渐增加。近年来，无论是政策领域、市场领域还是技术领域等，其门槛呈现逐渐降低的趋势，使得广电和电信间的全方位竞争成为必然。在三网融合背景下，电信企业明确了媒介化的发展方向，而广电机构的发展方向主要侧重于全媒体和全业务。IDC业务和国际互联网出口以及ISP牌照等资源属于电信的垄断行业，

所以在语音服务和宽带数据业务上都具有较为突出的优势；反观广电，除了在电视行业具有垄断地位外，而且 IPTV 和互联网电视也是其新媒体业务中的重要内容，对内容播控平台和内容具有主导和审查的权利。电信垄断两项业务和广电垄断一项业务共同构成了三项核心业务。同时由于两大行业间存在较难逾越的鸿沟，因此制约了三网融合的推进速度，新媒体和新业务发展也具有不确定性。

在第十八届上海电视节白玉兰国际广播影视技术论坛（2012）上，国家广电总局科学技术委员会副主任杜百川提到，广电在获取宽带运营权方面还存在一定的不公平性，同时也没有国际出口，基于宽带网背景下制定的结算规则对电信垄断是有益的，这也给广电在网间结算规则下实现与电信的公平竞争增加了难度和不确定性。此外，广电企业从本质来讲并不能深入到市场当中，对于投资也无法形成有效的吸引力，这也是广电企业不能直接与市场化的电信企业相抗衡的主要因素。

（二）行业结构分散性特征显著

对广电行业内部予以总结可以看出，"四级办"是对行业结构进行的整体概括。自 20 世纪 80 年代以来，我国广播电视系统的体系架构逐步形成，不仅属于分权运营管理模式中的一种具体化形式，对调动地方积极性和主动性大有裨益，但是这也是导致广播电视被分割局面的重要因素。四级办台要主动适应四级党委政府，传统广播电视机构除了存在行政级别的差异，同时地域间的划分也不容忽视。四级办传统广播电视从本质来讲就是以行政为切入点实行的地域上的区分，所以在区分过程中，市场也自然而然地归入到划分列表当中，这也推动了我国广播电视当前封闭性竞争关系和行政化、分散化的市场结构。

然而具有封闭性和垄断性的行业环境以及分散特征显著的市场结构对于传统广播电视向全媒体方向的转型与迈进是不利的，主要通过下述几点来体现：第一，各地区的传统电视网络虽然分散但却相对闭塞，应用的技术标准也会有所差异。广播电视网络一般是由所在地来承担建设的，且由所在地对其进行运营，这就使得所处地区不同网络技术标准无法实现统一，在此背景下有线网的双向化和数字化改造进度也会存在明显的不同，广播电视网络规模无法达成。虽然国家广电总局大力推动，但是客观来讲，其如果形成一定的市场能力依然任重而道远。第二，各地域的广播电视机构市场规模并不大，实力也亟待提升。多数城市一级广播电视机构不仅没有多余精力来着重发展新媒体业务，而且市场影响力的形成也无法得到保障。即使广播电视机构具备了发展全媒体的能力，但是由于受到发展格局的影响，使得建设过程中低水平、重复性特征凸显，这也会使得资源无法得到最大化运用。第三，构成广播电视行业的内部主体具有多样化特点，且所处地域存在差异，在协调利益的过程中也具有较大难度。在三网融合背景下，各地区域广播电视的利益诉求也会存在明显区别，争夺资源的现象屡见不鲜。同时，运营管理格局主要以割据式为主，使得基于中央和地方之间、地方广电之间的协调工作开展存在较高难度，运作成本也会得到提升。例如 IPTV 的发展就是典型案例，上海百视通和中闻电信是 IPTV 合作中的主体，主要是以中国电信市场经营能力为依托，以全国市场为范围进行拓展。然而在推广过程中，地方广电对其进行一定的阻碍与抵制，阻碍了 IPTV 的发展。

二、现有体制机制无法适应市场竞争

（一）双重属性的矛盾与限制

体制机制是最核心最深层的问题，同时也是企业核心竞争力形成过程中不可或缺的因素。据了解，我国媒体经营具有政治性和市场性的双重属性，在对媒体定位时其也属于事业单位性质，管理方式以企业化管理为主，社会效益和经济效益的双赢是其主要追求。也正是由于其定位的双重属性，使得传统广播电视从以往固有的政治工具中得到解放，并深入到市场当中，这也为广播电视的发展与成长提供了重要的机遇。但是处于市场经济环境背景下，双重定位的属性已成为制约传统广播电视发展的重要因素。在现实社会中，我国传统广播电视在公益性和商业性定位上摇摆不定，对自身角色和功能缺乏明确认知的现象屡见不鲜。

我国广播电视行业管理体制具有政事不分、政企不分以及产业与事业缺乏明确划分等特征。显然，也正是广播电视这一体系架构，使得其与市场经济发展要求背道而驰。自21 世纪初开始，我国传统广播电视进行了体制改革，并将政事界限具体化、企事界限具体化以及文化事业和文化产业界限具体化作为改革的主要思路，并以特定要求不同开展个性化运营。将从本质上是三个方面的分离，即局台分离、台网分离和制播分离。局台分离简单来讲就是广播电视总局和广播电视台的分离，广电局主要行使监管行业部门的权力，广播电视台作为事业单位而存在；台网分离是广播电视台和传输网络作为两个独立个体而存在，广播电视台也属于事业单位体制，受同级党委宣传部门领导。在此过程中传输网络实现了以企业为主体的转变，是市场经营中较为独立的主体；制播分离就是不包含时政新闻在内的非新闻类节目，依托专业内容生产机构制作，电视台对已经制作好的节目进行播出，双方建构成买卖关系。在制播分离实施后，以往内容生产的工作就从固有的电视台中独立出来，形成了集台属、台管和台控为一体的传媒公司，并独立参与市场竞争。对广播电视体制实施的一系列改革，是基于广电系统主体内部多个相关利益主体和复杂关系的造就者，同时也是导致广电系统复杂化运营管理模式的原因所在。

（二）体制机制行政化

从现实角度来讲，我国广播电视媒体无论是体制还是机制，其行政化色彩浓厚，这与市场要求存在明显区别。对这一现象的形成原因予以审视可以发现，包含着多方面因素，历史因素和现实因素是关键。以历史角度来看，传统广播电视是从以往行政事业单位的脱离出来的，所以导致其体制机制行政化的重要因素；受到市场封闭和地域垄断竞争格局的双重影响，广播电视并不属于市场中的一分子，基于广电媒体背景下所讲述的市场化竞争归根结底是以行业为主体实施的竞争，不存在淘汰和兼并之说。在传统广播电视向全媒体转型迈进的过程中，以往固有的事业性体制机制的延续是必经之路，但是这种已明显落后的体制机制并不能契合市场竞争和开放的市场环境，主要体现在领导机制和分配机制上。

从领导方面来讲，首先传统广播电视的管理者主要是以公务员标准选出的标准化的管理干部人员，这与市场本身就出现了一定的脱离性。同时，传统广播电视领导干部是对以往政府机关公务员行政级别的延伸与拓展，管理者都会有相应的级别来对应；在围绕干部选拔和考核时，行政色彩较为浓厚，选拔办法也主要是依托政府机关来进行，分别以德、能、勤、绩、廉为切入点作为重点考察内容。在年度考核过程中分别以优秀、称职、基本称职和不称职作为标准来对其等级进行评定。其次，传统广播电视领导者所具有的观念、智慧以及视野等都对媒体发展方向起到了重要影响和引导作用。现实生活中，传统广播电视领导者的思想仍然停留在传统媒体模式上，产品意识不强是其普遍存在的问题，错将产品与内容作为同一内容来对待，仍然依托"内容＋广告"的方式来获取盈利。最后，由于受到领导干部轮岗和调动等方面的影响，传统广播电视领导者的工作地点并不稳定，所以领导缺乏稳定性和确定性，是造成决策具有短期效应的重要因素，同时也缺乏明确的方向感。

从分配角度来讲，传统媒体在进行分配过程中，行政级别和身份是分配过程中的重要依据和参考，甚至同工同酬也会受到影响而不能实现。如管理干部，导致收入存在差别的重要因素就在于行政级别的不同，与贡献大小并无内在联系。从员工角度来看，事业编制、企业编制以及雇员等身份都会是造成收入存在差距的特定因素，本身与工作量并无太大关联，身份管理的存在也使得年轻员工的工作积极性显著降低。这种过于僵硬化的分配机制还向广电新媒体领域有所拓展。广电转向新媒体的背景下，碍于员工身份不同等因素，因此通常都会采取一定的区别对待制度，这也是企业缺乏公平公正工作氛围的重要因素。同时，广播电视新媒体企业无论是推出的高薪策略，还是股权激励策略等，相对于传统广电来讲，都是不可比拟的。传统广播电视媒体企业收入最终是由上级部门监管并进行分配，所以使得借助高薪吸引人才这一方式受到一定的阻碍；股权激励的措施则会被错误认为是国有资产流失等现象，所以历年来传统广播电视媒体的收入分配改革一直未曾停下脚步，但是改革成效却差强人意。具有行政性的分配机制使得员工积极性被挫伤，使其市场竞争优势也得不到有效的展现。

（三）不具备有效的盈利模式

在全媒体时代背景下，传统广播电视逐步摆脱了以往依托广告收入这一单一盈利模式，而是以终端用户需求的差异化为依据，不断推出以付费点播、套餐服务等为主的消费方式，这是推动电视盈利增长点出现的重要措施。但是，从实践角度来讲，传统广播电视的新媒体业务的盈利模式依旧不够成熟，具有多元化特征的收入格局也无法形成。现有的多数传统广播电视新媒体依然沿用传统的依托广告来获得盈利的模式。加之市场规模存在一定的局限性，这种较为传统的广告模式并不能对其发展产生强大的支撑作用，进而使得广播电视新媒体经营能力有所欠缺。

就现阶段广播电视新媒体发展情况来讲，新媒体市场表现缺乏明确性，从整体角度来看依然处于大量投入资金的烧钱阶段。虽然全国各地的广播电视台都将新媒体作为首要关注的内容，并为未来提供了明确的方向与布局，但是由于新媒体具有耗费资源等特征，使得其回报具有长期性，所以各地区广播电视台在实际资源投入方面也会有所顾忌。目前，这种顾忌也在广电机构发展全媒体上有所体现，所以，不管是重视程度还是战略规划乃至资源配置方面，广播电视新媒体并不能享受与传统广播电视业务相同的待遇。深圳广电集团总工程师傅峰春曾经指出，虽然布局新媒体成为国内电视台重视的内容，但是真正以此为方向予以大力投入，获得发展的却少之又少。

广播电视机构对于新媒体持有的谨慎态度也是导致市场机会流失的重要原因，这是因为市场机会并不是一直都会存在，而是稍纵即逝，广播电视全媒体历经长期发展至今，其基本格局已基本确定，即使后续会发生更改也并不会出现实质性的突破。例如 IPTV，21世纪初，百视通深刻认识到市场发展趋势并抓住市场机遇对 IPTV 进行了大力的推广，旨在收获全国范围内的用户群体，也正是借助这一机遇，百视通实现了由地方性媒体向全国性 IPTV 运营商的转变。历经了 7 年的发展，百视通与 CNTV 全国总平台进行了合并，在此背景下，已经形成的市场格局也逐步固化，随着市场的不断变化，市场机遇也逐渐消失，一些地方性的广播电视 IPTV 也只能在所在地这一区域内发展，想要模仿与复制百视通的成功方式基本不可能实现。

随着数字时代的来临，为大数据精确统计提供了可能和契机。采取何种方式完成广受市场认可、具有简洁性和高效性的传播效果衡量标准是广播电视全媒体获得盈利，提升盈利水平的关键所在。据了解，传统广播电视在对传播效果予以评价的过程中，主要将收视率和满意度作为主要衡量标准。然而，伴随着电视和新媒体融合发展等新形势的到来，上述衡量标准不能使全媒体具有的影响力得以全部呈现。广播电视全媒体也没有相对成熟且广受认可的传播效果评估体系作为支撑，这些都会对其盈利模式建立产生一定的制约。为了使网络时代背景下电视媒体所具有的传播影响力得到精准化反映，2013 年，新传媒将本年度上半年的全媒体卫视收视率榜单进行了首次发布，在全媒体收视率采集过程中，主要依托传统抽样调查等为主的四个评估体系来进行，借助海量数据挖掘技术和传统收视率调研模式融合的方法为载体，以此来实现对卫视收视率排名的评价，确保客观性和全面性。正是这一收视率榜单的发布，标志着我国电视媒体收视率统计正式向全媒体统计时代迈进。

（四）媒体运营理念滞后

随着新媒体的快速崛起，一些具有实力的传统广播电视机构也将全媒体作为重要的发展方向和企业战略，但是由于对于全媒体的内涵和外延等缺乏较为深刻且统一化的认识，理解基本停留在"全"这一层面而无法深入。有的广播电视机构认为，实现全媒体就是要加大对网站和移动电视以及手机电视的创办力度，并加大多媒体或全媒体报道力度。然而此种方式并未在业务流程和平台上落实全媒体化，基本停留在网台互动运作阶段。还有的人认为，我国的全媒体浪潮简单来讲就是电视媒体和新媒体的融合，其本质是多元化的渠道特征，旨在帮助收获最大化利益，主要依托的手段就是将其他渠道向电视化发展。从实践角度而言，近年来在全媒体领域进行的努力与探索，收效都甚微，究其原因可以发现，在开展全媒体建设的过程中依然沿用以往传统的思维来进行，意在将全媒体纳入广播电视体系当中，将新媒体实现电视化。对现阶段传统媒体创办新媒体这一过程进行审视可以发现，虽然声势浩大，但是无论从市场影响力，还是号召力来看，都与民营新媒体存在较大差距。根本原因就在于，依然用传统电视媒体思维来进行新媒体游戏。纵观传统媒体早期创办的网站，仅仅是将传统媒体信息内容换了网络这一平台展现出来，这样的做法并不能获得大众的认可。

新媒体的发展规律与其自身特性相符，将传统电视媒体发展模式照搬到新媒体的做法存在一定的弊端，是不会获取成功的。知名博客《方军商业日记》曾经提到，在我国传统媒体想要向新媒体方向发展的想法，一个是基于网络这一平台将传统媒体中的各类优势进行复制，另一个就是以建立独立互联网平台为主，之后将博客以及 SNS 等元素加入其中。这些思路从本质来讲都存在一定的缺陷，且共同之处就在于太过笼统与宽泛，具有典型的传统媒体思路特征。虽然在内容上对新媒体内容有所涉及与累积，将其整合必然会出现大于以往的效果，但是从技术和广告营销层面而言，传统媒体实力的不足与缺陷也随之暴露出来。

随着我国广电转向全媒体，台网分立发展模式是最为常见也是经常采取的方式，在保留传统广播电视业务格局的背景下，以广播电视台为主体建立起的下属部分和公司来针对新媒体进行的发展过程。这种模式的存在，使得无论是广播电视还是传统广播电视乃至新媒体之间都存在一定的不稳定性。传统媒体具有的资源优势无法向新媒体延伸，而新媒体在渠道和传播过程中的优势也无法为传统媒体起到补充和完善的作用。

（五）缺乏关键核心资源

1.品牌资源

在广播电视媒体向全媒体发展和转型的过程中，以品牌为基点进行的延伸是关键因素。借助品牌延伸这一载体，可以使得广播电视全媒体借助传统广播电视媒体具有的品牌影响力，以此收获市场，提升用户的认可度。但是在我国广播电视全媒体品牌延伸过程中还存在以下制约其顺利进行的障碍：第一，就我国传统广播电视媒体来讲，品牌自身的市场影响力并不大，一些省级的广播电视媒体和许多地级市的广播电视媒体，对于广播电视全媒体形成强有力的支撑；第二，由于传统广播电视媒体地域性特征显著，使得其品牌影响力具有的地域属性得以凸显。广播电视媒体的名称通常都是以"地域＋播出渠道"的命名方式，因此广播电视媒体品牌具有显著的地域特征特点也显而易见。反观网络媒体可以看出，它能够摆脱地域的限制，具有地域特性的品牌并不能作为支撑广播电视全媒体运营的中坚力量。在此背景下，部分广电媒体在创办新媒体的过程中通常都会采取避免延续母品牌的方式，创立新品牌成为首选。广电全媒体作为囊括了多个媒体品牌的联合体而存在，必然对资源的丰富性和多样性提出了较高的要求，同时品牌整合过程中的难度也会大大增加，面临的市场风险也会有所提升。

2. 技术资源

从技术角度而言，将其与具有市场化特性的网络新媒体对比可以看出，广播电视全媒体发展过程中的技术力量较为薄弱。技术创新是具有市场化特性的网络新媒体的关键优势。依托技术创新这一路径，不仅可以给用户提供新的业务与产品，而且服务形式也会更新颖。广播电视媒体得以发展的重要依托就是技术，但是此方面的技术仅仅停留在单向传播领域，在新媒体双向传播领域并未涉及。而新媒体运用的是具有双向性的互动传播技术，以传统传播技术为主并向对其进行的改革与突破。广播电视全媒体获得发展的关键就在于除了现有的单向传播技术外，还需要具有以互联网为背景的双向性的互动传播技术和以 IP 网络为基础的应用技术创新。但是如果从网络传播领域这一层面来讲，广播电视不占据任何技术优势，是与其他传统媒体相同的地方。

3. 资本资源

从资本角度来讲，新媒体资本运营方面较为顺利，而基于资本市场背景下的传统广播电视媒体却面临着多层障碍。自 21 世纪初开始，我国互联网产业上市次数多达四次。第一次是 2000 年左右，以新浪为首的三大门户是第一轮上市潮的带动者；之后的四年至五年时间段内，以腾讯和百度为主体的企业成功掀起了第二轮上市潮；第三次是以阿里巴巴为首的企业掀起的上市热；第四次上市潮则是 2011 年人人网和世纪佳缘网掀起的。也正是由于受到资本的重要推动作用，使得互联网新媒体开始步入高速发展的轨道。

反观这个时期的传统媒体，我国对传统媒体融资进行严格的政策限制，社会资本想要进入到媒体领域中必须承担起相应的政策风险。据了解，广播电视新媒体业务的市场主体地位不突出，对于一些业务而言，不仅不能实施风险投资和出让股权等行为活动，而且上市融资等也存在较大的难度。所以，传统广播电视在发展全媒体过程中通常都是以自生方式为载体来推动新媒体发展，支撑资金也是依托业内范围的自我循环来获得的。据了解，从创新融资角度来讲，我国传统广播电视媒体的难度要远远大于新媒体，一方面，依靠渠道获得融资的方式较为单一，另一方面，进行创新的资金大部分都是以自身为主体来筹集的，仅仅有一小部分是来自于银行贷款。而新媒体获得资金的渠道多种多样，例如国外风投、国内风投、股市筹资等。采取何种方式实现对风险投资的引进，以此来进行多样化社会资本的整合是现阶段广播电视全媒体获得发展需要着重解决的一个问题。

4. 人才资源

从人才角度来讲，一方面，传统广播电视媒体中在新媒体领域有所建树的人才很少。据了解，传统广播电视的人才优势主要可以通过内容生产等方面得以体现，但是在全媒体采编、分发以及后续营销和运营过程中依然存在较为明显的人才空缺。另一方面，传统广播电视体制对广播电视具有制约和束缚的作用，加之新媒体近年来快速发展的态势，都使得传统广播电视人才资源逐步向新媒体领域转移。原本处于传统媒体领域内的人才逐渐向网络新媒体的流入是当前不可忽视且较为常见的行业现象，跳槽事件时有发生。例如《环球企业家》原总经理李甬跳槽至网易；原凤凰卫视中文台执行台长从所属单位辞职并加入搜狐视频等。我们经常可以听到或看到传统媒体精英人才进入新媒体领域发展的新闻和消息，但是人才从新媒体领域向传统媒体转型发展的情况却鲜有发生。

5. 版权管理

传统广播电视资源的优势就在于内容资源，也是历来被广泛认可的传统媒体最为突出的优势所在。然而，由于在管理和版权意识方面的疏忽与淡薄，给网络新媒体借助极低成本的方式整合传统媒体内容提供了契机，新型的内容和服务平台也因此得以建立与创造，也收获了大批忠实用户，在此背景下，传统媒体仅仅作为一种服务于新媒体，并向其提供内容的服务者和提供者而存在。

处于新媒体时代背景下，无论是内容的竞争还是渠道的竞争都层出不穷，其中维亚康姆和 YouTuhe 间的版权纠纷案则是这一现象的典型案例。维亚康姆在对 YouTuhe 控诉的内容中可以发现，YouTube 从维亚康姆中盗取了版权内容，而且还将盗取到的版权内容在 YouTube 网站平台上进行展示。在这种矛盾行为的背景下我们可以挖掘出潜藏在其背后内容提供商的纠结之处：既要借助具有较大影响力的平台实现自身内容的传播，保证内容传播价值的快速提升，又要规避版权内容被无偿使用等行为的发生，这也是保护其利益和尊严不受侵害的重要因素。维亚康姆在此过程中的纠结也是我国当前广电媒体现状的形象展现。传统广播电视媒体在对其内容版权予以管理时缺乏应有的规范性，对于常见的新媒体滥用版权内容的现象持睁一只眼闭一只眼的态度，或者以免费或低费用等方式向新媒体主动提供内容。而网络新媒体借助自身在技术和营销方面具有的特殊优势，来对传统媒体中的内容进行聚合，使得其传播影响力大大提升。然而，正是由于此种做法，使得传统电视媒体经营者受到了以下不利影响：

第一，无法从新媒体传播中获得收益。网络媒体无须支付费用或仅仅支付极少内容费用即可获取传统媒体内容版权，使其最终成本远远小于传统媒体节目的成本。例如，某知名网站在购买某一卫视娱乐节目版权费用每分钟仅 15~20 元 / 年，也就是说，一个 60 分钟的节目一年只能卖 1 200 元。但是对传统广播电视媒体娱乐节目制作费用进行粗略计算可以得知，成本往往花费数十万甚至上百万。

第二，为别人培育了渠道和平台。依托传统广播电视版权内容高质量等特征，赋予了网络新媒体更高的渠道价值，给广电自身的新媒体优势的形成产生了阻碍。在此背景下，广播电视媒体作为内容提供商而存在，且被边缘化明显。

第三，分流了大批传统广播电视观众。传统广播电视渠道价值也有所降低，一旦观众对网络媒体依赖性增强，并以此作为主渠道来观看传统媒体内容时，那么传统广播电视媒体具有的渠道价值将会迅速降低。这也是当前许多电视节目取消在网络媒体进行播放的原因，以此有效避免同步播出带来的电视观众减少等现象。

　　随着新媒体的迅速发展以及传统媒体"颓势"逐渐凸显，使得许多传统广播电视对自身版权给予高度重视，并借助法律武器来对自身版权利益进行捍卫，在此背景下，版权管理也朝着规范化方向发展。以深圳广电集团为例，对于内容网络版权均交给旗下新媒体公司来负责，并在集团内成立了相应的法律部门，以此开展有关集团版权内容和授权业务的管理工作，从而使集团的版权利益能够得到有效的保护。

第六章　新媒体时代传统广播电视与新媒体

融合发展对策

在新的历史发展时期，全媒体成为传统广电媒体新的发展方向和趋势，这是媒介融合发展的必然结果。在转型的实践过程中，广电媒体要积极探索新的方法去处理发展道路上可能遇到的各种关系。为了确保我国全媒体转型的效果和质量，广电全媒体需要对发展环境不断地优化，随着时代的发展变化，坚定不移地走转型的发展道路，并对发展策略进行适时调整和优化。

第一节　新媒体时代广播电视与新媒体融合发展的路径

从整体来看，我国传统广电在新媒体时代向全媒体形式转型，这个过程存在着众多的影响因素，发展的实际效果还是一个未知数，主要是因为认识上的不足和发展上的不确定性。因此，我国的广电全媒体在发展中需要处理好各种错综复杂的关系，探寻自我发展的良好道路。概括起来，我国广电全媒体需要处理的关系有以下几种。

一、需要妥善处理跨媒体和全媒体的关系

在广电的发展过程中，很多人有一种错误的认识，主观地认为全媒体就是多种媒体形态的融合和合作，只要建立和完善多媒体的运作机制就算完成了全媒体的转型。该认识混淆了跨媒体和全媒体的联系和区别，对广电媒体的转型造成了消极影响。

国际上存在着一种非常有名的"水波纹"理论，该理论依据各种媒体对同一新闻事件报道的实效性和报道的深度差异，用一颗石子投进水中产生的波纹进行比喻，形象而客观地道出了不同层次的报道形式之间的差别。"水波纹"理论较好地诠释了跨媒体之间的协作，但是它并不是全能的，对全媒体就不一定适用。一般来讲，全媒体只是传统媒体与网络媒体的有机融合，并不属于多种媒体形态的协作。将跨媒体看作是全媒体的做法是错误的，忽略了三者之间的差别。

随着社会的发展，信息技术和通信技术都得到了快速的发展并被广泛地应用于社会的

各个领域，在此发展背景下，"多媒体""跨媒体"等媒体形式应运而生，并在发展的过程中催生出了全媒体的形式。全媒体和跨媒体、多媒体之间既有联系又有区别。多媒体侧重的是多种信息形态的叠加表达；而跨媒体注重的是各种媒体形态间的协作传播；全媒体则注重的是多种媒体之间的有效融合。说得形象一点，假如把多媒体和跨媒体看作是物理反应的话，那全媒体则是化学反应。全媒体可以说成是多种媒体类型的综合体，并不是某一类媒体的简单叠加；多媒体属于多种类型媒体的大融合，突出反映的是各种媒体类型间的协作与互动。从客观上来看，全媒体是一种运作的模式和策略，经过多种渠道的融合，建立起开放的信息传播平台，为用户获取信息和服务提供了极大的便利性。

二、需要妥善处理线性传播和互动传播的关系

众所周知，传统的广电媒体是点对面单向的新型传播，传播者对传播具有绝对的控制权，而广大的受众只能是被动地接受信息。随着网络信息技术的发展和普及，互联网改变了传统的传播模式，实现了点对点的双向互动模式，该模式是媒体传播历史上的"革命性"的进步。当然，新的传播模式的产生并不意味着传统的传播模式被淘汰，传统媒体传播模式的优势还是存在的，例如，具有较强的影响力，控制性较强，市场价值不容小觑等。

如今，社会上流行这样一种看法，认为互联网的双向互动传播改变了人们传统使用媒体的习惯，该传播模式已经成为时代的主流，而传统的广电媒体即将被这种新型的传播模式所取代，逐步走向消亡。对于这种看法，既有其合理性，也有一定的主观臆断片面性。从实践中我们可以看到，人们对媒体信息的需求是多样的，对传统广电媒体传播有需求，也有对新型双向互动传播的需求，这两者并不存在明显的矛盾。通过传统广电媒体线性传播可以满足大多数人共性的信息需求，而双向互动传播满足的是受众群体的个性化需求，两者之间是有益的补充关系。广电全媒体实现了线性传播和互动传播的有效融合，但是它们两者互不干扰，各自发挥作用，共同组成了广电全媒体的传播格局。

三、需要妥善处理内容和渠道的关系

一般来讲，传统的广电媒体采用"内容＋渠道"的发展模式，这是因为它本身既是内容上提供商，也是渠道的服务商。在发展过程中，有意识地将内容和渠道进行分离，但是具体偏向哪方发展产生了疑惑。如果偏向"内容"发展，侧重的是内容价值，通过全媒体渠道的传播，实现内容上的最大经济价值和超强影响力。如若偏向"渠道"发展，侧重的是全媒体渠道的传播经济价值，力求实现渠道上的巨大影响力。

在传统广电媒体时代，媒体需要对传播内容进行采集和加工制作，再经过相关渠道进行广泛的传播，通过媒体形成了巨大影响力，这是内容和渠道共同作用的结果。在数字媒体时代，出现了一些新的发展变化，产业链出现了分化趋势，内容和渠道相分离，随之形成了内容生产商和渠道提供商，随之而来的就是内容和渠道互相选择的问题。内容和渠道

具有不同的追求目标，内容的追求目标是最大的覆盖率和最多的受众人数，通过有效的传播，受众人数越多，传播的内容价值就越大；渠道追求的是渠道上的市场价值和影响力，渠道的使用者越多，渠道的价值越大。在内容和渠道的双向选择过程中会产生四种不同的结合模式，即

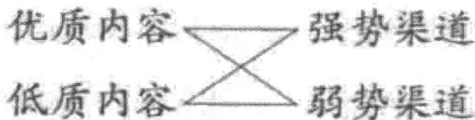

1. 优质内容和强势渠道的"强强联合"

在此种模式下，优质的内容和强势的渠道相互作用，能够产生最强大的效能，传播效应和市场价值都能够达到最优，内容商和渠道商都能获得最大的经济效益，是最受青睐和欢迎的组合模式。

2. 优质内容和弱势渠道的组合

在这种模式下，内容的优势会作用于弱势渠道，有效提升渠道的影响力，优质的内容会发挥强大的作用，使得渠道的弱势逐渐转变为强势。这种模式在当前广电全媒体发展中比较常见，也是比较受推崇的一种模式，传统广电以战略转型为契机，用传统媒体的优质内容培育自有的新媒体。

3. 低质内容和强势渠道的组合

这种模式可以发挥强势渠道的优势，提升低质内容的传播价值，但是这种操作很大程度上会损害渠道的良好影响力和社会形象及价值。长此以往，将明显地消耗渠道的优势，很可能将强势的渠道变成弱势的渠道。

4. 低质内容和弱势渠道的组合

这种模式是效果最差的模式，既缺少传播价值也缺少市场价值，只能相互消耗，毫无益处可言，因此，要尽量规避这种发展模式。

侧重内容的广电全媒体发展模式，侧重内容传播价值，由专业的内容提供商打造优质的内容和业务，不单纯地在自己的渠道进行传播，还可以在其他优势渠道进行传播，最大限度地实现全媒体的传播，获得最优的传播效果和最大的经济效益。例如，湖南卫视的《快乐大本营》等优秀栏目探索的就是全方位的传播之路。

侧重渠道的广电全媒体，注重渠道的传统价值，作为专业的平台提供商，通过各种新媒体的建设、维护及营销，成就平台的巨大影响力。该平台既传播自己生产和制作的内容，也传播企业媒体制作的优质内容，打造的是一个集内容和服务于一身的综合平台，例如凤凰新媒体就是充分运用了这种发展模式。

对于广电媒体的发展而言，虽然还有发展侧重点的分歧，但是内容和渠道始终是不可以彻底分开的。内容制作需要以质量为主，不断完善生产流程和创作机制，以制作出大量的优质内容为发展目标。而从渠道的发展来看，要积极拓宽媒介的发展渠道，注重集约化

生产，探索多种途径，使得传播渠道的影响力和市场价值能够不断地提升，最大限度地提升广电媒体的经济效益。

四、需要妥善处理"专"和"全"的关系

经过不断发展，媒介间的有效融合进一步改变了媒体的生态环境。面对新的生存环境，只有积极地转变自己，提升自己的适应能力，才能在这个新环境中得到发展和成长。要想切实提升自己的适应能力，可以尝试下面的两条路径。一是可以尝试"专"的发展路径。这种发展路径主要侧重的是内容的生产，只要重点做好内容质量，做到内容的高质量和高品质，即便只有一条传播渠道，只要有了高品质的内容，就会产生高价值，就会有生存和发展的空间。二是可以尝试"全"的发展路径。这种发展路径就是采用"内容＋渠道"，更侧重渠道。全媒体就是在内容生产和传播渠道上做好改革创新的切入，积极构建内容融合的生产机制并大力拓展传播渠道，最终形成全媒体的信息传播集散中心。

"专"，主要是指广电媒体要始终坚持"内容第一"的发展战略，利用内容创造上的优势，不断打造高质量、高品质的传播内容，实现以高品质内容带动和提升渠道的影响力。"全"，指的是全力实现全媒体的转型并不断拓展新的转播渠道，构建新的传播平台，以满足更多受众人群的实际需要。由此可见，两者之间并不存在矛盾，广电媒体在充分发挥内容优势的基础上，要积极革新和构建内容生产的高效机制，打造全新的媒体信息平台。

需要注意的是，全媒体追求的目标并不包含媒体形态上的全面，因为单纯地追求媒体形态上的全面，既存在较大的难度，也没有多大意义。仅仅依靠拓展媒体渠道和终端的数量，并不能判断出全媒体转型的实际效果，这主要看这些渠道和终端是否真正地实现了融合传播，是否提升了媒体的影响力和经济效益。为了适应新的发展环境，提升自身的竞争能力，传统媒体积极构建全媒体模式，主要还是希望在与互联网媒体的充分融合中切实提升媒体传播的档次和效率。

不可避免，广电全媒体的发展思路还面临许多问题，主要有以下几方面。其一，内容的近似度提升。由于媒体的多次分享和传播，这就很容易造成全媒体多个平台上的信息的近似度大大提升。其二，难以发挥竞争的优势。因为媒体平台创作的传播内容进行了充分的融合，再次分发到多个信息平台，缺少了激烈的竞争，使得竞争的优势难以发挥。其三，全媒体工作人员的专业能力问题。从事媒体行业最多的就是记者，让他们一人担任多职，虽然降低了人工成本，在一定程度上提高了工作效率，但是这样的做法必然会影响到他们的专业性，做某方面的专业人士很简单，但是要做一位样样精通的全面人才是一件极其困难的事情。在全媒体模式下工作的记者们要建立更为高效的协作工作关系，以提升自己和团队的工作效率。总之，这些问题都是社会各界普遍关心和关注的，需要的全媒体在发展过程中积极面对，认真对待。

五、需要妥善处理"合力"和"活力"的关系

我国广电媒体的发展经营一直都具有自身的特色，比较注重统和分相结合的方式。这里的"统"突出合力，而"分"突出的是活力。第一，通过频道制度的实施有效激发了频道频率的经营能力。第二，通过中心制度实现了对资源的优化和整合，统出了合力，频道制度和中心制度的有机结合，已经成为区域性广电传媒的策略选择。在实践中，传统媒体向全媒体转型，却遇到了严重的"合力"与"活力"的问题。一是内容的近似度提升。全媒体的模式打破了众多媒体间的传统做法，就是在传播内容上互不干涉和交流的局面，建立了内容创作机制，侧重内容的融合和交流，突出了融合和共性，这就很容易造成各个媒体平台上的信息近似度提升的状况。二是降低了媒体间的竞争。广电媒体集团旗下的众多媒体都是经营主体，它们之间存在着激烈的竞争，而且还要参与外面的媒介竞争，而在全媒体模式下，新闻内容被有效融合，并且在集团中实现了共享，集团只参与与其他媒介的竞争，无形中降低了竞争的压力。三是全媒体记者专业化的问题。大多数的全媒体记者都是一人担多职，对新闻进行采集和创作，这样的做法一方面降低了人工成本，另一方面，在一定程度上提升了工作效率。记者也是普通人，精力是有限的，难以掌握全面的专业技能，假如承担太多的职务，很难保证专业的报道效果和水平。

出现这些问题，使得广电全媒体陷入了争议的旋涡，需要广电全媒体认真面对和解决这些发展过程中出现的新问题。从实际来看，这些问题随着全媒体的进一步发展而逐步得到解决。内容的近似度提升，是通过优化融合内容生产机制，在实施内容共享的同时保留各子媒体对部分内容的特许使用权限，从而有效避免内容的极度相似。降低了媒体间的竞争，通过对各子媒体定位的区分、对部分内容的特许使用来形成差异化，同时强调各子媒体的经营主体性，强化其竞争力。全媒体记者需要更为精细的协作机制，提升工作效率，而不能期望以某个记者的力量来解决遇到的所有问题。因此，全媒体的"合力"并没有否定和消解各自媒体的"活力"，相反，还能够强化各个子媒体的"活力"。

作为一种新生的事物和发展模式，我国广电全媒体的发展还存在太多的不稳定性和不确定性因素，给我国广电媒体的广大领导者和从业者带来了不同程度的困扰和难题。我国广电全媒体的转型发展，需要加深认识，妥善处理好全媒体发展中的各种问题和关系，探索到最适合的发展之路。

第二节　新媒体时代传统广播电视与新媒体融合发展的方向选择

我国广电全媒体的发展将要何去何从，是媒体行业的大难题。我国广电全媒体的发展要运用发展的眼光，不能随意制定一些不切实际的发展目标，但是也不能故步自封，过于

保守，以免错过发展的大好机会。广电全媒体的发展方向与客户的行为、市场的变化、技术的发展等因素密切相关，随着受众群体的习惯改变，市场环境的变化以及技术的快速发展，广电全媒体的发展方向是具有一定的开放性和不确定性。

广电全媒体的发展要紧紧围绕广电自身的发展特点展开，并充分结合传统媒体和新媒体的发展优势，做出一种平衡的战略规划。从我国广电媒体的发展实际来看，我国广电全媒体的发展大致有三个发展方向，即区域化门户、产业链平台及差异化竞争。

一、区域化门户

我国国土辽阔，各地域间存在着较为明显的地域差别，主要体现在文化、风俗习惯及民族的喜好等方面。一款产品或者服务，只有适合市场的需求才是好的产品或者服务，因而越来越多的跨国公司开始关注当地化的发展战略，重点实施产品或者服务与当地相结合，也就是实施当地化改造，以便更好地融入当地市场，得到当地消费者的认可和接受，促进公司在当地的发展。就拿媒体市场来说，区域化市场与全国市场、国际市场具有很大的差异性，但是重要地位是无法取代的。只要能够与本地相融合，获得本地市场认可的媒体就具有广阔的发展潜力。以广电市场为例，在中央电视台和省级电视台巨大竞争实力的"压迫"下，地级市的电视台或者是本地的县级电视台可以充分发挥地域优势，紧紧围绕民生新闻资源，也能够获得当地观众的喜爱，获得了一定的发展空间。另外一些大城市不知名的电视频道，充分利用地域上的优势，也取得了不错的发展业绩。与此同时，一些网络媒体利用自身不受地域限制的优势，积极探索地域化的发展战略，例如，腾讯网作为全国性的互联网公司，积极寻求与全国各大城市的区域媒体合作，成立了大渝网、大粤网等著名的新闻门户网站，受到了当地人的认可和青睐。

打造区域化门户充分体现了广电全媒体的地域化发展战略，它要求广电全媒体着眼本地，借助传统广电媒体的影响力和地域优势，打造区域化的全媒体门户。地方广电媒体创建本地的全媒体门户具有先天的优势。我国的广电媒体很多都具有明显的地域特征，经过长期的发展，在当地具有一定的知名度和影响力。通过网台协作的方式，实现互相推广、互相促进，将传统广电媒体的影响力进行了有效扩展，在团结合作的基础上，各媒体平台的发展就顺畅多了，成效很大。

对于那些有意于朝着区域化门户发展的广电全媒体，最关键的不是具备新传播渠道的数量，而在于突出本地的传播特色，将最好的内容和服务提供给广大的当地居民。区域化门户既是信息传播的集散地，也是满足本地居民信息需求开放的大平台，故此，区域化门户在提供实用性较强的服务性信息和本地新闻的基础之上，还要向受众群体提供一些服务性更强的服务内容，诸如教育、购物、游戏、政务等方面的服务。这些服务主要针对的是本地居民，通过多种渠道可以获取这些服务和信息，进而形成了具有本地特色的商业服务模式。区域化门户的发展方式具有较强的市场价值，第一，它可以依据当地居民的发展状况和居民的生活习惯，提供针对性较强的信息和服务。第二，它能够针对当地的特点，帮助外地企业精准地了解和掌握当地的用户资源，进而迅速地打开当地的市场，并在当地站稳脚跟顺利发展。

地方广电积极打造区域化门户的全媒体战略是一种比较睿智的选择，既有效避免了与实力强大的互联网企业和传媒企业开展正面的竞争和较量，又可以充分利用地域优势和传统媒体积累下来的巨大影响力，在当地的传媒市场占据一席之地，获得发展。因此，区域化门户发展方向是地方广电发展方向的首选，比较实际而且很容易取得成功。

在实践中，区域化门户发展的事例很多，我们就拿苏州广电来说，它在发展传统的电视频道和广播频率的基础上，还积极地参与新媒体建设，主动开展传统传播方式和新媒体间的有效融合，带给本地受众群体全方位的新体验和新感受。21世纪初，苏州广电总台创建了重点新闻网站"名城苏州网"，随后开始了公司化运作。该网站包含的内容丰富多样，有视听内容、图文资讯、汽车财经、旅游气象等众多的内容资料。"名城苏州网"还加强了与传统广电的合作，通过线上线下"双管齐下"式的宣传和营销方式，为本地的客户和受众群体提供高效的服务，深度挖掘苏州本地的市场潜力，取得了良好的传播效果和丰厚的经济效益。在该网站上开辟了"苏州第一汽车频道"，发挥了电视和网络的资源优势，为苏州本地居民提供了有价值的汽车方面的咨询，给用户带来了便利和实惠，也为汽车商家和厂家带来了销量和利润，与此同时还有效宣传了网站，增加了网站人气和知名度，也提升了网站的影响力和经济效益。目前，该网站的日均点击量已经突破了750多万，成为苏州地区影响力最大的城市综合门户网站。苏州广电依据时代发展特点和本区域的特色，为区域化门户的发展方向的准确定位，并取得了巨大的成功，具备了很强的竞争能力和盈利能力。

二、产业链平台

随着社会的发展和时代的进步，我国的三网融合进程进一步被推进，封闭的产业环境在广电的发展过程中被逐步打破，音视频产业链的发展呈现出新的发展特点，即纵深分离而横向分解的新变化。纵向分离主要针对的是内容生产方面，原先传播内容的生产到播出整个产业链是由传统广电全权垄断和把控的，而今这条产业链已经逐渐分解和分化成内容生产、内容集成、信号传输及终端消费等链条环节，这些产业链条环节已经很难再由某个单位进行全权把控或垄断，按照市场机制重组的规则和要求，它们只能是产业链中的上下游关系。

横向分解则表现在，传统广电很难再对产业链各环节进行垄断和完全把控，大量的市场参与者已经闯进了产业链各环节，构成新的产业集群。这些市场参与者涉及的范围较广，主要包括国有企业媒体、私营企业、公共机构及个人等，他们都积极地参与产业链平台的建设。

　　受到市场机制和传播技术的双重作用，音视频产业链发生了新变化，也就是划分更注重精细化，这就导致产业链各环节的参与者的数量激增，并成为产业不可逆转的发展趋势。市场在发展中不断成熟和完善，在产业链各环节中都会存在少量的主导型企业，它们成为其他参与者的领头羊，把控着和占据着该产业环节中的资源优势，实际成为该产业环节上下游资源交汇的平台。广电全媒体发展的目标之一就是要结合本身的资源优势，在产业链环节发展中，成为某个环节的主导平台。如果这一发展目标得以实现，那么就证明其有足够的实力把控整个行业，甚至是整个产业链，本质上也就占据了产业发展的掌控权。而有些媒体集团是在传统媒体的基础上做大做强的，它们也深深地意识到，当今社会的发展已经不适合企业单独发展了，需要在产业融合的大背景下，精准定位，积极参与产业链中的某环节中，利用本身的发展优势在环节建设中发挥积极作用，并促进自身的可持续发展，可以说是一种比较实际而且稳健、高效的发展之路。

　　纵观整个广电的发展实践过程，广电媒体向全媒体转型，其中的两个环节突显了优势，一个是内容的生产和集成环节，另一个是传输和播控环节。一般来讲，广电的传统优势之一就是传播内容的生产。在长期的发展中，广电具备了内容生产的规范流程、制作标准，还组建了自己强大的工作团队，这些都是发展的优势资源。随着改革的不断深入，广电开始了制作和传播相分离的尝试，将广电的内容推向了市场化运营的发展之路，必将激发出强大的活力，爆发出更大的发展能力。而在内容生产和集成方面，很多的广电媒体也在千方百计地做各种各样的探索和尝试。就拿深圳广电集团来说，天威公司是其旗下的一家公司，主营有线电视和网络等业务。该公司为了进军高清视频内容市场，还特意创建了天华世纪传媒有限公司。主要为新媒体网络运营商提供丰富内容和运营服务，还要为有线网络运营商提供多种智能终端的内容服务。天华世纪传媒有限公司已经建立起高清内容集成平台，并且负责深圳高清互动电视的运营业务，并且正在构建一个具有版权保护能力的媒资储存与分发的云计算平台，可实现高清节目内容的全国分发，向网络运营商提供增值内容和服务。截至目前，天华世纪传媒有限公司的运营效果非常好，制作的高清视频内容在国内处于领先地位。

　　广电的另一个传统优势就是在播控传输方面，广电拥有卫星数字信号传输、有线数字信号传输、无线数字信号传输三大传输渠道。在三网不断融合和推进的大背景下，广电网和电信网将加强合作，共同参与最关键、最重要的网络建设，共同开展新一代的广电网和电信网运营，在功能上将更强大，基本实现全程全业务，成为网络应用和服务的重要承载体。除此之外，信息在传播过程中的安全问题是重大问题，国家一直非常关注和重视。因此，为了有效保证信息的传输安全，国家还专门出台了相关政策，严格限制网络传输过程中的参与者数量。而在数据传输上，广电具有雄厚的实力和强大的能力成为数据传输的主导平台之一。在集成播控方面，国家在三网融合的宏观设计上，将广电新媒体的内容审查及播控平台交由广电负责，这一政策性安排为广电成为集成播控环节的主导平台创造了有利条件。上海百视通加强了与电信公司的合作，在电信公司强大的市场影响力和营销能力的帮扶下，业务在全国得以顺利开展。在发展的过程中，百视通不断发展壮大，并很快成为国内、实力强劲的 IPTV 运营商，也具备了成为播控运营的主导平台的条件和能力，并如愿以偿。

三、差异化竞争

在市场经济环境下，市场竞争中存在许多的规律，而差异化竞争就是其中铁律之一。记得国际上非常著名的一位管理学大师说过，差异化战略、专一化战略及总成本领先战略是企业竞争中比较典型的三种战略。所谓的差异化战略，就是使得本公司的产品或者服务能够形成自己与众不同的特色，正是这种"与众不同"才是产品或者服务参与市场竞争的巨大优势。由此可知，差异化竞争，就是公司向大众提供与众不同的产品或者服务，从而掌握巨大的竞争优势，进而提升企业的市场占有率和自身的竞争能力。

广电媒体发展的另一个方向就是差异化竞争。菲利普·科特勒，被国际上赞誉为现代营销之父，认为差异化就是通过设置一系列的差异，将自身的产品或者服务与同行的产品或者服务加以区别开来的行为。依据他的观点，差异化包含两个方面的内容：一方面，要主动设置差异，与同行形成差别；另一方面，要积极构建差异壁垒，杜绝由于同行的迅速跟进致使差异尽快消除的情况发生。差异化战略的目标就是将差异作为竞争优势，防止同行的模仿和超越。一般而言，差异化竞争，最主要的是凸显自身产品或者服务的与众不同，这里的"众"主要是指市场上由众多同行提供的同类产品或者服务。如果企业提供的产品或者是服务很大众化，就会毫无竞争优势可言，面临市场上的激烈竞争，接受优胜劣汰竞争法则的甄选。因此，只有通过差异化的竞争，将自己的产品与其他同行的产品或者服务加以明显区分，受到消费者的接受和青睐，企业才能真正增强竞争能力，获得竞争优势，在市场上占据有利地位，促进企业的快速发展。

要想增强企业的差异化竞争能力，两条途径可供选择：一是针对服务对象，为用户提供个性化的产品和服务，满足他们的不同需求从而获得市场竞争的优势。二是企业通过技术的改革和创新，提升产品特别是服务的质量和水平，将创新作为企业和行业发展的动力，从而在不断的技术创新中提升企业的竞争优势。

广电全媒体的差异化竞争主要是发展路线的选择问题，摆在广电全媒体面前有两条发展路线，即大众路线和特色路线。选择走大众路线，可以获得大量受众群体的支持和青睐；而走特色路线，将依靠特色和质量取得发展优势。在传统广电发展向全媒体转型的过程中，要依据自身的发展特点，积极实施差别化发展策略，才能在市场竞争中占据优势。广电全媒体要全面、客观、深刻地认识自我，找到自身发展中存在的潜在优势，有针对性地开展差异化的发展。凤凰新媒体的发展之路为众多的广电全媒体的发展树立了榜样。2006 年，凤凰新媒体创建成功，掌控着综合门户凤凰网、手机凤凰网及凤凰视频三大平台。

2011 年 5 月份，凤凰新媒体在美国上市成功。从凤凰新媒体的整个发展历程来看，凤凰新媒体能够在激烈的市场竞争中脱颖而出，获得较大的发展成就，主要是因为凤凰新媒体在一开始的时候就选择了差异化的发展道路，一是在内容方面，凤凰新媒体传承了凤凰卫视在内容上的特色，立足全球，从中华人文、历史及世界军事等方面进行创作，特别是台湾和大陆两地的热点新闻，凤凰新媒体一直是非常关注和重视的，高质量的创作，使得凤凰新媒体很多栏目和内容受到了广大观众的欢迎和喜爱，逐渐形成了具有差异化的内容特色。二是在品牌影响力上，凤凰卫视属于传统媒体，在长期的发展中创建了自己高端品牌形象，具有强大社会影响力，而凤凰新媒体借助于凤凰卫视的品牌价值，在国际上对高端人士具有巨大的号召力和影响力。三是从用户人群上，凤凰新媒体走的是高端路线，定位是高端网民，拥有上亿的高端用户群体，主要包括政府官员、商界精英及高校学生等。正因为凤凰新媒体选择了差异化竞争发展战略，凸显出强大的竞争优势，面对激烈的市场竞争，能够迅速地发展壮大，一跃成为国内前五的门户网站。

传统广电媒体在向全媒体转型的过程中，面临着发展方向的抉择。区域化门户、产业链平台和差异化竞争这三个发展方向分别代表着不同的生存方式。需要特别注意的是，广电全媒体发展的方向是自由的、开放的，在不断的探索和创新中，可能会找到更好的发展方向。我国的广电媒体要顺应时代的发展变化，结合自身情况，做出最恰当的发展道路选择，进而完成传统广电媒体向全媒体的转型，促进广电媒体的进一步发展。

第三节　新媒体时代传统广播电视与新媒体融合环境

事物的存在离不开一定的环境，事物与环境之间相互影响，相互促进。对于媒体而言，生存环境会对媒体存在的形态和发展趋势造成或多或少的影响，并留下一定的痕迹。概言之，对媒体的发展造成影响的环境主要包括宏观环境、市场环境及内部发展环境。这三个环境共同组成了我国广电全媒体的发展环境。

一、宏观环境

影响传媒发展的宏观环境，主要是指对传媒业的发展造成影响的全部的宏观力量，也就是社会中存在的与传媒的生存和发展息息相关的一切政治、经济、文化及科技等因素的总和。在战略管理学中，PEST 分析法是一种非常有用的分析方法，可以帮助企业正确地认识和掌握所处的宏观环境，以便及时地调整发展战略，促进企业更好的发展。PEST 分析法一般要分析影响企业发展的政治、经济、技术和社会等四个环境要素。

（一）政治环境

传媒行业的政治环境是指对传媒行业的管理和运作产生制约和影响的各种政治因素，以及这些因素运行所形成的环境系统。具体来说，就是指传媒的制度环境。广电全媒体从本质上来说，仍然属于新闻媒体的范畴。第一，它具有一定的政治属性，目标是实现社会效益的最大化。第二，具有市场属性，它还追求经济效益，并努力实现社会效益和经济效益的最优效果。这也是广电全媒体和民营新媒体在发展上的最本质区别。广电全媒体代表的是党和政府的发声和态度，需要传达党和政府的声音，起到引导公共舆论的作用，承担构建和谐舆论氛围的社会责任。和民营新媒体企业相比，广电全媒体的市场化较弱一些，但是广电全媒体享有许多政策上的资源，被国家严格监管。广电全媒体的发展受到政策资源的大力支持，与此同时，政府的严格监管也限制了广电全媒体的发展，需要积极采取有效措施进行缓解，进一步优化发展空间，争取更大的发展。

（二）经济环境

与传媒行业相关的经济环境是指对传媒的生存和发展产生重要影响的外部的经济政策、社会经济水平以及行业发展状况等，概括来讲，就是指对传媒行业运行产生重要影响的经济关联要素。随着我国市场经济体制的建立与不断完善，传媒行业的发展也步入了快车道，产业化的发展逐步走向成熟。从实际的发展状况来看，我国传媒业要实现完全市场化还需时日，一些非市场因素还具有相当的活力，在整个传媒业的发展中还发挥着非常重要的作用。从传统广电的发展来看，尽管市场竞争异常激烈，但实际上它还属于垄断行业，处于相对封闭的运行和发展环境中，重要的是，在各地成立了广播电视集团或者是广播电视总台以后，一个行政区域内只能存在一家广电媒体，行业内也不存在淘汰和兼并的行为，很大程度上减小了生存和发展的压力和负担。而在传统媒体向全媒体转型以后，传统广电"美好和谐"的发展局面被打破，网络媒体施展了巨大的威力，毫不留情地将传统广电的垄断格局打破，新媒体业务将全方位地参与到开放的、激烈的市场竞争中，广电全媒体将迎接发展史上最大的挑战。进入市场经济环境中，广电全媒体需要转变发展思路和盈利模式，千方百计地采取有效措施，提高自身的业务水平和服务质量，为广大的受众群体服务，以此来拓展和提升自身的发展空间和生存空间，促进广电全媒体的更大发展。

（三）社会环境

传媒行业的社会环境是指对传媒运行产生重要影响的社会主体和他们的生活方式、社会结构和它们的社会意识形态、价值观念等要素，具体来说，是指受众群体的社会地位、生活方式及其对传媒的影响。媒体的使用方式，一定程度上是由媒体的传播形态决定的，从而促进了媒体受众群体行为习惯的养成。众所周知，传统广电媒体属于单向线性传播方式，在这样的传播方式下，受众群体只能被动地接收信息，没有选择的权利。而现如今的网络媒体则改变了这种传播方式，使得受众群体由被动接收变为主动寻找并选择自己需要的信息。

用户的参与性更强，不仅能够参与编辑信息，还能够传播信息，消息的传播者和接受者已经不存在明显的界限，传播力正在由媒体向用户逐步转变。随着社会的发展，信息渠道不断拓展，信息数量急剧上升，在此背景下，广电全媒体的广大用户的社会意识也在逐渐地提升，这种社会意识包括公共意识、民主意识、参与意识等。而在传播过程中所体现出来的民主性、参与性和互动性以及接收信息的便利性，早已经成为广大受众群体选择和评价媒体水平高低的重要参考指标。迈进新的历史发展时期，传统广电媒体通过转变发展思路，积极地改革创新，实现向全媒体转型，可以尽可能地满足广大用户不断提升的高要求及个性化的需求，促进人民群众生活品质进一步提升。

（四）科技环境

传媒业的科技环境是指对传媒生存和发展产生重要影响的科技水平、科技环境以及人们对传媒技术的使用情况等，具体可以概述为传播新技术对于传媒发展的促进和制约。我们知道，科学技术是第一生产力，同样，技术因素也是媒介发展的重要推动力。数字化、网络化等技术的出现给人类社会的发展注入了新的活力，人类社会从工业社会迈入信息化社会，信息技术正在发挥强大的威力，对所有的传统行业和社会结构进行颠覆性的重构。在媒体行业领域，随着信息技术的迅速发展，一些新生事物，如新媒体、新技术、新业务以及新应用等，如雨后春笋般地涌现出来，给传统媒体行业带来了革命性的变革，媒体间也逐渐形成了一种"你我互融"的状态。伴随着我国三网融合业务的不断深入，媒介融合已经成为新媒体和新业务产生的催化剂，而且为传统广电向全媒体转型发展发挥了不可估量的作用。

二、广电全媒体的市场环境

市场竞争环境指的是企业生存和发展的客观竞争环境，它的存在对企业的发展战略和方向都产生重要的影响。20 世纪 80 年代，国外的管理学者就提出了著名的竞争五力分析模型，对企业的市场竞争环境加以分析，在企业制定竞争战略的时候可以起到参考作用。具体来说，竞争五力是指在市场竞争环境中，与企业的竞争有重要关系的五个因素，包括同行业的竞争者、供应商的议价能力、购买者的议价能力、新进入者威胁和替代品威胁等。通过竞争五力的分析，广电全媒体对面对的竞争环境会有更清醒的认识，可以有针对性地采取有效措施应对竞争。

（一）同行业的竞争者

在国内，中央台的竞争优势非常突出，省市级电视台的强弱分化也是非常明显的，对于地市级和县级电台主要依靠区域优势，本地化的生存，在实力上还是处于比较弱势的。这样的发展态势形成了我国传统广电市场的格局，即一个太阳，多个月亮，满天星。总体来讲，传统广电之间的竞争带有垄断性和封闭性，在某个行政区域存在唯一的一家广电机构，而各地的广电媒体在本地的发展具有地域上的竞争优势。在传统媒体行业内，媒体间的市场占比竞争也是很激烈的，但是就算再激烈，也不会产生兼并和淘汰的状况发生，这样的竞争状态不分输赢。而广电全媒体就有效地突破了这种在地域和级别上的限制和约束，在以互联网为主要传输通道的媒体自诞生之日起就带有明显的全球化和市场化的特征，传统广电媒体要想打破这种限制和约束，就只能积极向广电全媒体转变，为自己的发展创造更广阔的天地。可想而知，传统广电向全媒体转型后，市场竞争将更加激烈。

（二）新进入者的威胁

随着网络技术的不断进步，传统广电的舒坦日子将不复存在，自我封闭和垄断的行业格局也将受到冲击和改变，而大量的网络媒体将出现在人们的生活中，各种新媒体和新业务也将随之而来，很多的市场主体也将大量涌现，成为广电全媒体的有力竞争对手。实践中，通信行业和互联网行业已经开始了音视频业务的探索，市场主体的多元化发展势不可当，包括广播电视机构、通信企业、互联网公司、内容提供商、服务提供商和终端设备制造商。这些媒体市场的新进入者，不管是资本还是在市场运营方面都具有强大的优势，都能够为广大的受众群体提供高质量的音视频服务。无论在技术力量上还是用户资源上，他们都具有较强的竞争能力，对广电全媒体的霸主地位构成威胁，并成为有力的市场竞争者。

（三）替代品的威胁

自从三网融合开始以来，通信行业和广电行业就爆发了全面复制性竞争，与此同时，互联网 IT 行业也在加速解构广电和电信的传统业务。媒介间的有效融合迸发出的威力，使得广电全媒体在内容、服务等各个层面上出现了替代品。从内容来看，进入全媒体时代，人们的社会角色也出现了变化，由之前的受众群体转变成媒体传播的参与者，每个人都可以是记者、编辑和媒体，自己成为新闻内容的生产者；从传输渠道来看，很多媒体都具备为广大的用户传输音视频信号的能力，例如，广电网、互联网、电信网等；从应用业务来看，互联网平台利用自身优势，具备了较为强大的聚合能力，使得广大的用户接收高品质的音视频信息更加便捷，受到了广大用户的欢迎和青睐，人气急剧暴涨；从接收终端来看，用户选择某些接收终端和平台是有原因的，方便快捷是最主要的原因。移动化、智能化、个性化、社会化、轻便化媒体终端已经成为社会的潮流，受到大众的追捧和喜爱。

（四）供应商的议价能力

广电全媒体的供应商包括版权内容提供商和网络服务提供商。在版权内容方面，传播渠道的影响力决定着版权内容的议价能力。在当前我国国内的媒体传播市场中，市场格局具有分散性的特点，直接影响了我国广电机构在版权内容上的议价能力。为了在传播市场上处于优势，很多广电媒体会踊跃购买高质量的内容，导致版权内容的价格一路飙升。广电全媒体会带来传播渠道数量上的增多，高质量的版权内容更显得珍贵，广电全媒体对版权内容的议价能力会持续降低。而在网络服务方面，各区域内的广电网络处于严重的垄断，外地广电想要介入，丝毫没有议价的优势。随着三网融合的不断深入，电信网、互联网也逐渐承担起音视频信号传输的功能。在传输渠道不断增多的大趋势下，广电全媒体对于网络服务的议价空间也在不断增大。

（五）购买者的议价能力

一般来讲，用户和广告商是媒体的主要购买者。在传统媒体垄断时期，购买者在内容和渠道方面没有更多的自由选择权，因此，购买者的议价能力都比较差。而在广电全媒体阶段，媒体的传播渠道已经增加了很多，广大用户有充分的选择权。互联网传播还开创了双线互动传播的新时代，在为用户提供多样化、个性化的信息资讯的同时，还保证了广告商的营销效果和效率。广大用户对媒体渠道的选择拥有更多的选择余地，广告商对投放广告的渠道也有更多的选择。一般情况下，广告商为了获得最大化的传播价值，最常见的投放广告方式是多媒体组合营销的方式，这样就对受众群体产生了广告轰炸的效果，营销效果相当不错。总之，在广电全媒体时代，媒体购买者的议价能力都极大地提升了。

三、广电全媒体的内部环境

所谓广电机构的内部环境，指的是广电机构对宏观环境和市场竞争环境的反应，它是广电全媒体转型发展的基础。

（一）优势

其一，传统广电媒体在内容生产能力和版权内容资源方面都占有绝对优势，这些都可以成为广电全媒体的内容优势。

其二，传统广电长期积累出来的公信力、权威性和影响力都可以为广电全媒体利用，更容易融入市场。

其三，传统广电媒体的运营经验和专业人才储备能为广电全媒体所用，提升实力，促进发展。

其四，广电全媒体更容易获得政策资源和行政保护，助其快速成长。

（二）劣势

其一，长期处于封闭和垄断的发展环境之中，广电媒体进入激烈的市场竞争环境，会很难适应。

其二，在核心资源方面，传统广电媒体比较欠缺，对提升竞争力产生了阻碍作用。

其三，传统的广电媒体内部机制老旧，受到行政的制约，难以发挥人才优势，弱化了市场竞争实力。

（三）机会

在三网融合过程中，广电是牌照拥有方，具有内容审查权和播控权，三网融合的参与方都要与广电牌照方合作，很明显，这就为广电全媒体的发展提供了宝贵的政策机会。

（四）风险

其一，民营的互联网企业，如优酷、土豆、搜狐视频、爱奇艺等视频网站，凭借灵活的体制机制、良好的用户体验已争取到大量的资本和用户，获得了市场发展的先机，形成了有市场影响力的品牌，占据了网络视频市场的大部分份额。广电全媒体如果无法为用户提供更好的体验和服务，将很难获得市场的认可。

其二，传统广电媒体无法完成广电全媒体的转型。主观上现有的体制机制让传统广电的领导者缺乏转型的动力；客观上传统广电媒体缺乏全媒体运营的资源和经验，如果运营不善，广电全媒体会成为失败的实验品。

其三，传统广电媒体现有的业务流程和组织架构无法适应全媒体运营的需要，传统广电需要进行业务流程的再造和组织架构的重构，流程再造和组织重构也存在一定的风险。

四、广电全媒体发展环境优化

通过对广电全媒体发展的宏观环境、市场环境以及内部环境进行分析可以发现，广电全媒体的生存发展面临着比较复杂的环境，既有优势，也有劣势。优势在于良好的市场机遇和有力的政策资源，劣势在于面临很多挑战，而且市场风险较大，同时当前的体制不利于顺应市场发展环境。广电全媒体发展环境优化具有非常重要的作用，具体可以从以下三方面进行。

（一）宏观政策优化

宏观政策是影响广电全媒体发展环境的一个重要因素，对其进行优化可以有效促进广电全媒体发展环境的转好，其中最为重要的是媒体政策。宏观政策对广电全媒体的发展方向和路径具有非常重要的影响，良好的政策环境可以有效促进媒体健康发展。但是从当前的现实情况来看，当前我国的宏观政策尚存在着一定的问题，不利于广电全媒体的发展，具体主要表现在以下方面。首先，业务方面存在着一定的限制，广电媒体和平面媒体之间有着非常明显的区别，这种政策环境限制了媒体融合的进一步发展；其次，在媒体融资方面也存在一定的限制，广播电视媒体企业在上市以及引进社会资本方面有着比较严格的限制，无法同民营新媒体企业一样通过相应方法进行融资。再次，国家在广播电视媒体管理方面并没有完善的法律规定，这就导致相关部门在管理过程中，由于缺乏相应的管理依据，管理比较具有随意性，比如，在宣传管理方面非常细致，这种管理方式影响了广播电视媒体部分活动的开展，不利于市场竞争力的提升。

（二）体制机制优化

广播电视媒体的为事业单位，这就使得广播电视媒体的相关体制机制具有非常明显的行政事业特点，虽然其体制机制已经进行了数次改革，但是仍旧无法与当前的市场发展形势相适应。落后的体制机制是影响广电全媒体获得健康发展的主要制约因素，具体表现在以下几点：

1. 双重定位

广播电视媒体企业既具有事业单位的特点，同时又具有企业的特点，这种双重定位的特性使得广播电视媒体的体制不够明确，从而造成管理混乱的现象。

2. 缺乏市场主体身份

从严格意义来说，广播电视媒体并没有合适的市场主体身份，以致在管理过程中始终无法建立市场化的企业管理制度，削弱了其在市场竞争中的实力。

3. 决策干扰

广播电视媒体的体制与国有企业有某种相似，这种体制使得媒体领导者在做出判断和决策时，不仅需要充分考虑自身利益，还要考虑上级领导的相关意见，以致在决策过程中所受干扰过多，对其造成不利影响。

（三）内部管理优化

内部管理情况对于广播电视媒体的市场竞争力也具有非常大的影响。在传媒业市场化程度不断加深的背景下，广播电视媒体的内部管理水平虽然有了一定的提升，但是与当前的市场要求还是存在一定的差距。比如，中国广播电视媒体在内部管理方面比较侧重员工的身份职位，并据此进行收入分配，以致存在收入分配政策不科学，不能满足多数人需求。另外，单位内部有部分闲职人员，白白占据单位资源，却由于人情等方面的原因，无法将其淘汰出去。除此之外，单位内部的业务流程不够规范，存在非常严重的资源浪费，投入产出比要远低于同类民营企业，而且人力资源管理不规范等。上述现象，导致广播电视媒体内部无法形成积极向上的工作风气，优秀员工流失，并且员工的创造力和工作积极性无法被激发出来。内部管理优化，应当从上述因素入手，并且根据市场发展的要求，在广播电视媒体企业内部建立起能够与当前的市场竞争形势相适应的现代企业管理模式，从而提升广电媒体的内部管理水平和管理效率。

第四节　传统广播电视与新媒体融合策略

策略主要具有两方面的含义，一是为了适应发展形势而确定相应的行动方针，二是采用适合的斗争方式、方法来达到预期目的。本章节中所指的策略，即是应对策略，也是发展策略。应对主要是通过对自身的调整来适应周围的环境变化，发展则是从整个行业或者企业的层面入手，对战略发展方向以及具体的实施路径进行设计，从而促进行业或企业的持续发展。从当前发展形势来看，中国广电全媒体发展策略可以划分为行业和媒体组织这两方面。在这两方面发展策略共同配合的前提下，我国广电全媒体才有可能获得长期稳定的发展。

一、行业策略

从整个广电行业来看，全媒体的实现就是将传统的广播电视业务向电信、网络等业务领域延伸。广电全媒体发展的外部策略，事实上就是广电行业在三网融合过程中的具体应对策略。从当前的发展形势来看，相较于电信、网络行业，广电行业不仅有相关政策的支持，而且也具有牌照、内容等方面的优势。尽管如此，广电行业本身也存在很多劣势，包括经济实力不足、缺乏市场经验、体制机制不完善、网络分散程度高并且双向化实施困难、生产模式落后、产业链条开放性程度低等。广电行业发展策略不仅对三网融合工作的开展具有较大的影响，而且直接影响广电全媒体发展的成就。广电行业发展策略主要与下列问题有关：

（一）构建统一的监管体系

三网融合是影响广电全媒体战略发展的主要因素，广电全媒体发展需要广播电视行业从自身的行业桎梏中脱离出来，并且从信息产业层面入手，对互联网时代的媒体产业格局进行重构。从国外经验来看，信息产业的快速发展不仅需要健全的行业规制，而且还需要统一的监管体系。而我国现阶段的情况是，广电、电信两大行业隶属不同的管理机构进行管理，以致行业之间存在壁垒，不利于三网融合工作的开展。

广播电视媒体不仅拥有内容资源方面的优势，而且在内容制作方面也具有较大的优势，同时广电行业监管机构不仅掌管着内容审查权，还掌管着新媒体牌照发放的权力，可以说广电行业在音频、视频方面拥有很大的优势。电信行业在用户管理系统、双向网络方面有天然的优势，而且该行业在语音业务、网络进入、手机入网等方面同样具有较大的优势。双方的关键业务恰好为对方的弱势之处，双方均在谋求进入对方的关键业务领域，同时也努力维持自己在关键业务领域中的绝对优势，电信不肯开放国际互联网出口许可权，对广电推广互联网接入业务造成了限制，而广电则是紧攥新媒体牌照发放权，限制电信向音频、视频业务领域发展。上述情况形成了当前电信、广电行业相互制约、博弈角力的形势。

由于缺乏统一监管，市场竞争环境的公平性无法获得有效保障。而三网融合工作的持续开展，必然会逐渐削弱甚至消除两大行业间的壁垒，从而实现监管的统一。而从当前形势来看，广电由广电总局负责监管，电信行业则是由工信部负责监管，监管主体的不同必然会造成监管体系的不同。而从功能方面来看，广电行业主要负责舆论宣传，同时也肩负着推动媒介产业发展的责任，而电信行业主要负责信息产业的发展，功能方面的差异使得两个行业之间的生存发展战略也有较大的差别，因此破除行业壁垒的难度较大。

统一监管的实现，有利于国家利用各种协调性的政策来促进广电、电信行业的利益平衡，并且为三网融合的实现进行新的产业布局。黄升民教授曾经指出，在三网融合的背景下，一种新的产业模式，即媒信产业正在形成，为了对媒信产业有效监管，工信部和广电总局应当进行职能合并，并且成立媒信委员会负责相关行业的监管。根据这种构思，将电信、互联网、传媒三个行业置于统一的监管体系中，必然能够有效促进中国媒体融合的发展以及信息产业的发展。

（二）加快制播分离，完善市场机制

三网融合涉及电信、互联网、传媒这三个行业，其中互联网行业的市场开放度最高，并且在市场竞争机制的作用下，已经涌现出阿里巴巴、腾讯、百度等规模庞大市场影响力非常高的行业龙头企业。电信行业具有国家垄断特点，但是在不断改革、重组过程中，中国移动、中国电信、中国联通这三大运营商成为电信行业的主导企业。传媒业的市场化程度最低，这是由于体制机制的约束造成的。

制播分离是提升广电行业市场化程度的重要措施。制播分离就是将节目的制作和播出分离开来，播出方通过市场交易的方式从制作方手中获取节目进行播出。而中国的制播分离只是一种形式上的制播分离，就是在电视台的主导之下建立相应的节目制作企业，但是该企业仍然受到电视台的管理和控制。这种制播分离方式其实也是对广电市场新型运行机制的探索。广电媒体长期实行制播一体化的运作方式，不仅效率较低，而且资源浪费现象严重，基于此广电行业开展了以制播分离为中心的系统改革工作。根据政府相关部门的要求，湖南广电传媒集团开展了制播分离改革，除了新闻类节目外，其他节目的内容生产全部由传媒企业负责，而且传媒企业属于市场主体，可以跨地区、跨行业、跨国家发展在市场上的各种业务。制播分离赋予广播电视媒体通过传媒企业参与市场竞争的机会，有利于提升广电行业的市场化水平，并且促进市场竞争机制的形成。

清华大学的尹鸿教授指出，广播电视媒体当前进行的制播分离改革，其实是一种"一台两制"的改革方式。所谓制播分离，其实就是从广播电视媒体中分离出一个拥有市场主体地位的传媒企业，从而使广播电视媒体拥有了参与市场竞争的机会，这种改革方式是在保持广电媒体现有体制的基础上，实现企业化运作，是应对当前广电传媒体制改革需要的一种有效方式。

（三）加快网络改造，打造下一代广电网

网络作为基础性平台资源，已经成为三网融合过程中最为关键的竞争领域，只有掌握了基础性网络平台的主导权，在三网融合过程中才能拥有主动权，因此广电和电信两个行业都很重视基础网络平台建设工作。

从广电和电信网络的优势、劣势来看，广电网络带宽容量较大，双向互动功能有待提升，而电信网络具备良好的双向互动功能。随着数字化媒体的发展，广电网络开启了有线网络的双向数字化改造。为了推动网络改造工作的顺利进行，2009年广电总局提出指导意见，要求到2012年年底，城市地区的网络双向用户覆盖率超过80%。另外，为了推动三网融合工作的开展，并且应对下代电信网络（NGN）带来的挑战，广电开启了下一代广电网（NGB）的建设工作，该工作于2009年7月正式进入实质进展阶段。

NGB是广电总局提出的构建下一代广播电视网的计划重点，NGB具有如下特征：首先，带宽容量大。NGB的带宽容量非常大，根据广电网络的宣传，NGB的骨干带宽达到T级，进入社区可以达到千兆，而进入居民家后，带宽容量可以达到百兆。其次，单双向融合。所谓单双向融合，就是NGB既能够支持单向广播业务的开展，同时还可以支持双向交互广播、点对点双向交互这两种双向互动业务。再次，全媒体全业务。NGB支持图

文视音等全媒体形态，并且可以支持广电推出的广播电视、多媒体通讯、在线游戏等全部业务的开展。最后，可管可控。NGB的运行是可以进行控制管理的，而且其可信度非常高。

为了推动NGB项目的开展，由广电总局牵头，财政部出资40亿，成立了国家广电网络公司，这就代表着广电在原来的数字电视网基础上，又具备了推广高速互联网接入业务的能力，极大地拓展了业务范围，并且成为中国第四个全业务运营商。NGB与NGN一样都会成为三网融合的基础网络平台，而三网融合工作在此基础上得到了进一步推动。

（四）实施平台化战略，争取三网融合主导权

传统广电行业、电信行业的业务模式具有封闭性、垄断性的特点，从基础网络、内容生产和传播，再到消费应用，这一系列过程都无法脱离行业体系，这种产业发展模式具有明显的渠道特征，即在对渠道进行把控的基础上，利用行业有限的生产能力来满足市场需求，而市场需求是无限的，这就给网络媒体平台的发展提供了机会。

网络媒体平台是一种以互联网为依托的新型业务模式。互联网的开放性特点，使得具备内容生产能力的网络媒体平台，与具有无限需求的用户之间实现对接，从而达到满足双方需求的目的。

从行业发展情况来看，互联网通过新型业务模式的开发，对广电、电信行业的核心利益造成了一定的威胁。微信、QQ等网络OTT业务，使得传统电信运营商的通讯业务受到了威胁，并且迫使其逐渐转变为单纯的数据传输管道运营维护者；以优酷、微博等为代表的网络信息平台，使得传统媒体正在逐渐转变为内容提供商，而且传统媒体在社会大众中的影响力也开始下降。

广电全媒体的发展，需要依靠平台化战略才能顺利实现，而且广电媒体需要拥有平台的主导权。平台化媒体的顺利运营需要适合的规则和机制的约束，信息平台建立之后，将会吸引海量的内容、客户资源，平台的影响力也会随之提升。信息平台属于双边市场，一边主要为平台提供的内容和服务，一边则是用户，一边的资源变化会对另一边造成影响。

从行业发展角度来看，随着三网融合工作的开展，广电媒体需要重新构建侧重于平台运营管理的新型运作模式。广电应当加速NGB的建设工作，努力推动基础性网络平台的建设，来为自己获得三网融合过程中的更多主动权，广电媒体还要充分发挥广电媒体牌照的作用，如IPTV牌照、OTTTV牌照等，以此来达到对集成播控平台的控制，通过建设信息服务平台的方式，使得传媒市场中的所有内容提供商、服务提供商都要依赖广电建设的相关平台，才能实现与用户之间的对接，使得广电能够掌握应用业务平台的主动权。

二、组织策略

组织策略就是从微观角度来分析广电媒体的自我发展策略。随着传媒业环境的变化，全媒体化已经成为传统广电媒体能够在未来获得生存和发展的必然选择，本章节主要分析广电媒体在全媒体发展过程中面临的一些共性问题，并且针对这些问题，提出相应的解决

策略。由于每个广电媒体的实际情况不同，因此广电媒体必须在充分考虑自身现实情况的基础上才能寻找到最佳发展策略。

（一）强化内容优势，创新内容生产

过去，由于渠道的稀缺性，渠道的价值非常高，可以说"得渠道者得天下"。但是在全媒体时代背景下，渠道已经由原来的稀缺资源转变为现今的普通资源，而且在互联网开发程度不断提高的今天，渠道已经出现过剩的情况，在这一发展形势下，内容的价值开始凸显出来。渠道只是提高了用户获取信息的便捷性，无论是任何类型的渠道，如果无法给用户提供质量较高的内容资源，都将丧失对用户的吸引力。因此，广电媒体应当不断强化自己在内容方面的优势，并且通过创新内容生产的方式，吸引更多用户的关注。

1. 强化内容优势

传统广电媒体的优势主要是渠道和内容，但是在传播渠道多样化发展的市场环境下，渠道优势正在逐渐减小，而内容优势仍旧存在。在这一情况下，广电媒体应当不断提升自身的内容优势，才能在市场竞争的过程中获得一定的地位。强化内容优势，广电可以从两个方面入手，一是转变发展模式，将原来以渠道为主的发展模式向以内容为主的发展模式转变，使自己成长为优质内容生产提供者；二是将自己打造成内容资源的整合者，利用自己的资源优势，将众多内容提供商的内容集合到一起，并将其进行整合。

全媒体时代，广电媒体应当做好信息推送工作，利用大数据、人工智能等先进技术，分析用户喜好，并据此向其推送信息，从而实现个性化服务的目标，这样可以进一步提升内容传播的市场价值，有利于广电媒体开发新的盈利模式。广电媒体可以向用户提供免费、收费两种模式的内容服务，免费模式的服务对象为大众，具有公共性特点，通过由点至面的内容传播方式提供服务，并且通过广告、基本收视费作为盈利点。收费模式的服务对象为个人，通过由点到点的内容传播方式，向用户提供定制视频、音频内容，并且以点播费、会员费等作为盈利点。经济学人集团总裁海伦·亚历山大指出，内容对于媒体发展具有非常重要的作用。他认为满足自身了解世界的渴望是社会大众对于媒体的最根本需求，传媒企业应当永远将"如何理解世界"作为媒体发展的核心价值理念。

2. 创新内容生产

传统广电媒体的内容生产主要围绕频道和栏目发展的需求进行，配套组织结构为垂直型结构，记者、编辑等负责内容生产的工作人员全部属于某个频道或某个栏目，而内容生产单位也是以频道或栏目为基础形成的，如图6-1所示。

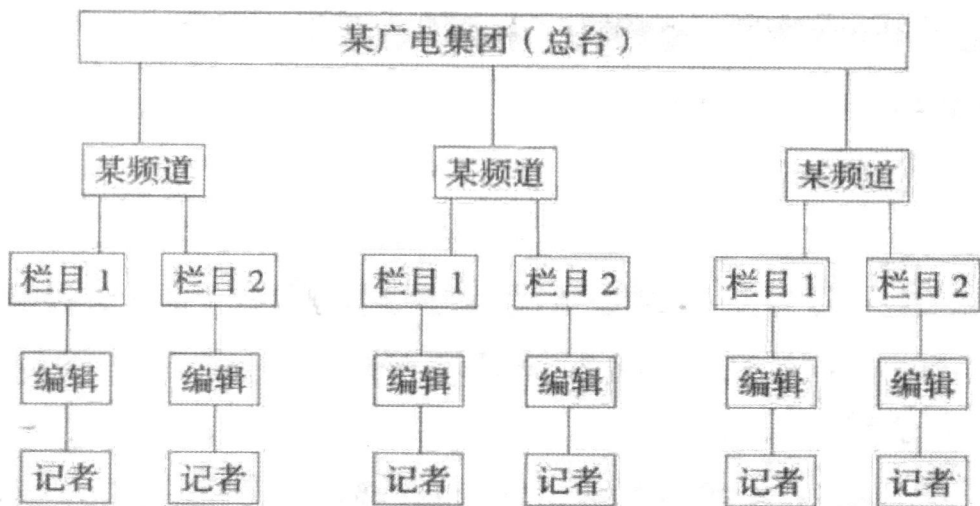

图6-1 传统内容生产架构图

这种垂直化的组织结构，各个内容生产单位之间自成一体，分别负责本单位内的内容生产和传播工作，而且各个生产单位之间很少进行交流共享，这种生产模式不利于广电媒体的发展。一是各个栏目、频道之间存在着比较严重的信息同质化现象，而且很难进行协调；二是资源浪费现象严重，比如，同一家广电媒体中，几个不同栏目的记者会出现在同一现场对同一人物进行采访，造成了严重的人力、物力、财力的浪费。

传统广电媒体的内容生产模式与全媒体发展需求之间存在着一定的矛盾，为了解决这一问题，广电媒体应当对媒体内部的内容生产流程和机制等进行调整，采用新的内容生产、传播模式，这样才能与当前的全媒体发展需求相适应。

全媒体要求广电媒体必须将原来的垂直化组织结构转变为扁平化的组织结构，如图6-2所示，对内容生产和播出这两个环节进行优化，采用集约化的方式开展这两项工作。生产集约化，就是转变记者在内容生产中的定位，使其成为直接为集团和共享平台服务的内容生产者，而不再为单一的栏目或频道直接提供服务。记者采集的各种信息内容全部上传到同一平台进行共享，而各个栏目的编辑人员根据栏目需要从平台上选择相关内容进行节目制作，制作的节目应当同时能够在电视、电脑、手机、平板等终端设备上播放。

在这种新型的内容生产框架下，用户也能够通过全媒体终端的双向互动功能，参与到内容生产当中，用户既能够自己生产内容，也可以对节目制作提出自己的建议。另外，用户在全媒体传播的条件下，可以对播出的内容进行相应的评价，而评价内容会经由网络传送到内容生产者的手中，内容生产者可以根据用户评价进行内容的相应调整，使得制作的节目更加符合用户的需求。

比如，在制作一部电视剧时，制作方不必等到电视剧全部拍摄制作完成之后再播出，而是在拍摄制作完成一部分之后，先播放这部分内容，后期拍摄可以根据观众的意见对剧情进行适当的修改。对于新闻节目来说，用户可以将其观点直接传递给内容生产平台，平台再将其传递给现场的记者，记者根据用户的观点适当修改自己的提问问题，这种双向互动的内容生产方式，可以为用户提供更加满足其需求的信息内容，从而吸引更多用户的关注。

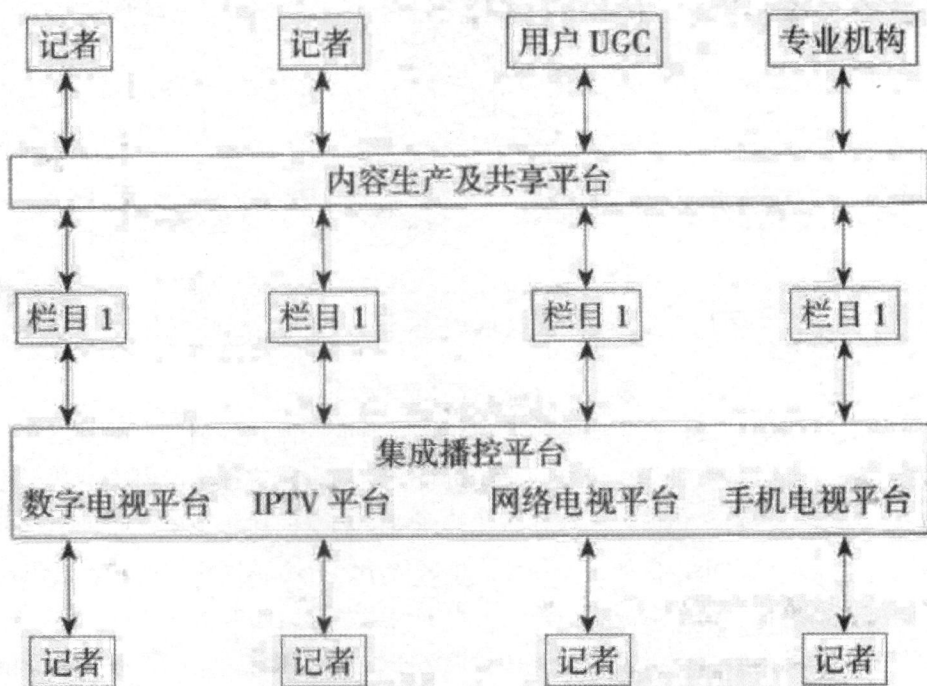

图 6-2　广电全媒体内容生产及传播架构图

在内容传播阶段，内容播出渠道已经不再是某一固定渠道，而是在集成播控平台的帮助下，采用全媒体手段进行播放，从而使得用户可以在多种不同的终端设备上收听、收看相关的节目内容。用户通过各种智能化终端设备可以快捷迅速地实现相关信息的接收，同时享受广电媒体为其提供的其他服务。当然，不同的接收终端通常也对应着不同的用户群体，这些用户却对于节目的内容、内容形态等方面有差异化的需求，比如智能手机终端比较适合观看一些长度较短的视频节目，而电视终端则适合观看一些高清晰度、播放用时较长的视频节目。

（二）拓展传播渠道，实施平台化战略

1. 拓展传播渠道

对于广电媒体来说，内容和渠道都非常重要。渠道是进行内容传播的载体，同时也是传统广电媒体非常重要的一种资源。在早期的渠道稀缺阶段，渠道是广电媒体最重要的资源，广电媒体在渠道方面具有垄断地位，广电媒体的生产、经营以及人力、财力、物力等资源的配置几乎全部以渠道为中心开展。互联网时代，渠道已经由原来的稀缺资源转变为普通资源，随着用户信息接收渠道的多样化，传统广电媒体的渠道价值明显下降，传统广

电媒体已经不再拥有对信息渠道的绝对控制权。在这一发展形势下，广电媒体如果依旧坚持围绕传统渠道发展，必然会在媒体产业开放程度不断提升的过程中逐渐丧失自己的优势地位，传统广电媒体必须顺应媒体行业的发展形势，通过拓展新型传播渠道、开发新的业务模式来实现全媒体转型。需要注意的是，拓展新型传播渠道，并不是全媒体发展战略的重点目标，发展全媒体的最终目的也不是为了提升渠道和终端的全面化水平，而是以渠道和终端作为全媒体发展过程中的重要手段，最终达到提升媒体影响力以及增加其盈利收入的目的。

　　在三网融合工作持续开展的背景下，广电新媒体的数量持续增长，每个广电新媒体都可以成为新的信息传播渠道，而新的信息传播渠道又代表着新的市场发展空间和新的用户群体。因此，传统广播电视媒体应当抓住这一新的市场机会，努力拓展新的传播渠道，并且在新的市场当中占据优势地位。而想要实现这一发展目标，传统广播电视媒体在拓展新型传播渠道时，不能单纯依靠内容复制的方式在所有渠道传播同样的内容，而是应当在对渠道特点有充分了解的基础上，根据各个渠道末端用户的特点来进行内容资源的配置，这样才能预防资源浪费情况的发生，让广电媒体制作的各种内容产品都能收到最好的盈利效果。传统广电媒体不仅要做好新渠道的开拓工作，而且应当将这些传播渠道打通，形成一个具有高度开放性特征的平台，这样有助于广播电视媒体实现"一云多屏"式的集约化传播方式。

　　2. 实施平台化战略

　　与传统媒体平台不同，互联网平台具有高度开放的特点。以互联网购物平台为例，互联网平台在一定程度上可以划分成凡客式、京东式、淘宝式这三种不同的模式。凡客式平台最为典型的代表就是凡客诚品网站，该网站虽然是一家购物网站，但是网站上只经营"VANCL"这一个品牌的产品，与实体商店中的品牌专卖店类似。这种模式的平台优势在于具有自身独特的特色，与其他平台形成了明显的差异化，但是这种平台的客户群相对固定，具有小众化的特点，因此平台的影响力难以获得有效提升。京东式平台的典型代表就是京东商城，主要业务为家电销售，这也是其比较突出的一个特色，京东商城不进行任何家电产品的生产，但是商城上聚集了几乎所有品牌的家电产品，京东商城只是为顾客和商家提供了一个便捷的交易平台，与实体商店中的家电商场类似。这种平台模式的优势在于，将大量同类产品聚集到一起，对于有相关商品需求的用户具有非常大的吸引力，而且用户群体的规模也相对较大，但是平台本身没有任何特色、差异化的产品资源，平台存在被复制的风险，届时平台用户必然会出现大量流失，因此平台没有形成自身的核心竞争力；淘宝式平台的典型代表就是淘宝网站，该网站聚集了各种类型、各种用途的产品，平台本身不从事任何产品生产工作，也不进行任何产品的销售，只是为产品销售方和购买方提供一个虚拟的产品交易场所，与菜市场的经营模式相似，市场为所有商户提供经营场所，淘宝平台运营人员则是担任市场管理者的角色，负责维护市场秩序。这种平台模式最主要的优势就是吸引了海量用户，用户规模非常大，因此影响力也非常大，但是为了维护平台的顺利运营，运营者需要投入大量的各种资源，对运营者的实力要求比较高。

假如以这三种不同模式的购物网站与信息传播平台进行类比，传统媒体网站的特征与凡客式平台类似，网站发布和传播的各种信息，大多数都是媒体自己制作的内容产品，因此属于自产自销；商业门户网站则是与京东式平台类似，门户网站将各家传统媒体的信息内容集合到一起，为用户提供更加便捷的一站式信息服务，从而吸引更多用户的关注；微博、微信等则是与淘宝式平台相似，平台运营者本身并不进行信息的生产和传播，但是各种信息传播人员、信息接收人员，都以平台作为信息传播、获取的场所，信息传播者可以根据自身特色以及想要吸引的用户群体来决定自己发布何种类型的信息，而信息接收者则是通过平台自由寻找自己感兴趣的信息，这些平台使得内容生产和内容消费实现了自由匹配，因此平台的用户规模非常庞大，平台的影响力也非常高。

对于某一具体的传统广播电视媒体来说，必须将传统的渠道模式转变为信息平台模式，同时也是全媒体时代背景下，用户对信息传播的一大需求，但是如何选择适合的平台模式，需要广播电视媒体结合自身的实际要求进行规划。当前广播电视媒体大多都有了自己的新媒体平台，但是从这些平台的运营模式来看，多数是凡客式平台，即平台本身发布的一些内容均是原创性的，与其他信息平台之间可以明显地区别出来，但是平台的用户数量并不多，因此平台的影响力也相对较小。淘宝式信息平台对技术要求非常高，实质上属于技术类平台，而传统广播电视媒体通常不具备信息平台技术优势，这也就限制了其发展淘宝式平台的行为。结合当前广播电视媒体的实际情况以及当前优势，广播电视媒体在全媒体转型的过程中可以打造一种结合凡客式和京东式二者优点的新型信息平台模式，使用媒体自产的一些原创内容来打造平台的特色，在此过程中应当注意划分开与其他广电媒体平台的区别，这样才能保持自身独有的特色；同时，平台可以将其他信息平台上的一些优质信息集合到一起，使得用户可以在平台上享受到一站式的信息服务。

（三）紧扣"媒体"属性，借势母体资源

1. 紧扣"媒体"属性

媒体一词来源于拉丁语"Medium"，意思是两者之间。狭义的媒体，就是指一些能够帮助人类传递信息的载体或者工具；而广义的媒体，指的是整个人类社会进行信息交流的大平台。在当前信息化时代背景下，大众媒体的影响力正在逐渐上升，并且开始向社会各个角落进行渗透，已经成为能够对社会发展造成影响的一种重要的社会力量，它不仅与各种社会构成因素相关，而且与社会中的每个个体都有非常密切的关系。在美国，人们已经充分认识到大众媒体的重要作用，并且称其为"第四种权力"。

由于大众媒体无与伦比的社会影响力，因此自然需要承担相应的社会责任，最重要的就是对公共舆论进行正确引导，同时也是各种媒体都应当履行的一项社会责任，而对于一些由广播电视媒体运营的大众媒体更是如此，同时也是由这些广播电视媒体的政治属性决定的。另外，大众媒体通常拥有比较庞大的用户规模，这就使得大众媒体的运营潜藏着非

常大的商业价值，这一点是由媒体的经济属性决定的，而经济属性其实就是市场属性。深圳广电集团的总工程师傅奉春曾经说过，广播电视媒体在创办新媒体平台时，应当始终坚持两个属性，一个是媒体属性，另一个则是市场属性。广电媒体创办的新媒体应当始终坚持媒体属性，不仅是广电全媒体的特征，而且也是优势所在，同时也是广电全媒体与商业媒体之间最为明显的区别。

紧扣"媒体"属性，需要广电全媒体承担必要的社会责任，正确引导社会舆论，并且努力提升自己的权威性、公正性，使自己具备更高的社会公信力，这样才能努力发挥作为社会公共信息传播平台的功能，履行社会责任。在广播电视媒体向全媒体转型的过程中积极履行相应的社会责任，应当作为广电全媒体发展过程中的一项重要发展策略。媒体最核心、最关键的资源就是公信力，而公信力的提升要求媒体必须坚持维护社会公共利益，在内容制作、传播的过程中应当始终将社会效益、公共利益放在首位。媒体属性可以使得广电全媒体更加快速地树立自身在社会以及用户当中的影响力，获得社会大众的认可，在此基础上，媒体可以为自己争取更多的政策性、社会性资源。另外，媒体属性有益于广电媒体创办的新媒体平台充分发挥优势，并且在新媒体时代背景下将这些优势转化为独特不可取代的优势，这样才能在激烈的市场竞争中占据优势地位，进而为广电全媒体的顺利转型和发展奠定良好的基础。

2. 借势"母体"资源

广电全媒体的母体就是传统广播电视媒体，在广电全媒体发展过程中，传统广播电视媒体应当提供人力、财力、物力等各方面的支持，同时广电全媒体应当积极利用传统广电媒体的内容资源、品牌资源，并且充分利用在社会中的影响力，将原来的社会影响力从传统媒体渠道向各种新型媒体渠道延伸，这样广电全媒体可以充分借势"母体"资源，获得快速发展。

当前，我国的广电媒体在全媒体发展的过程中，多数都是应用分立模式，即将传统广电媒体与新媒体划分为两个独立个体，独自运营。在这种发展模式下，由于传统广电媒体的强势地位，新媒体必须从传统广电媒体那里获得相应的资源支持，才能不断促进自身的发展。随着媒体市场竞争愈加激烈，新媒体如果离开了"母体"的支持，实力必然会出现大幅下降，在与市场新媒体竞争的过程中将会处于弱势地位。传统广播电视媒体应当从以下几个方面对新媒体提供资源支持。

政策资源传统广电媒体在自身发展过程中积累了大量的资源，包括新媒体牌照资源、政策资源等，传统广电媒体可以将这些政策资源转化为新媒体的资源优势，从而促进市场竞争力的提升。

内容资源：传统广播电视媒体的一大重要优势资源就是自身强大的内容生产能力，而传统广播电视媒体将自身原创的众多优质内容资源传递给广电新媒体，成为广电新媒体的资源优势。以美国巨头视频网络 HULU 网为例，它能够在非常短的时间内获得大量的用户关注，离不开三大广播公司为其提供的优质内容。

资金资源：广电新媒体的发展离不开强大的资金支持，如果离开"母体"的支持，凭自身的能力很难获得相应的资金维持自身的运营和发展。当然，单纯依靠"母体"的支持不能有效促进新媒体的快速发展，新媒体应当积极通过资本运作的方式，吸引社会资本的加入，从而为自身的发展提供强有力的资金保障。

人才资源：传统广播电视媒体在长期发展的过程中，积累了大量优秀人才，而广电新媒体可以充分利用"母体"的人才资源来促进自身的发展，需要注意的是，在利用"母体"人才资源时，应当注意人才的环境适应能力，保证这些人才能够适应新媒体平台的发展环境。

影响力资源：对于那些实行单一品牌策略的广电新媒体平台来说，可以直接利用传统广电媒体的品牌影响力来提升自身的社会影响力，而对于那些实行多品牌战略的广电新媒体，可以充分利用传统广电媒体推广自己的品牌，从而不断提升自身的品牌影响力和社会影响力。

广电新媒体在利用"母体"资源促进自身发展的过程中，应当努力避免资源"负效应"的出现。所谓资源"负效应"主要有两个方面的表现：一是广电新媒体在"母体"的强有力支持下，形成了一定的依赖性，成为"啃老族"，随着竞争意识的丧失，生存发展的动力也会逐渐消失。二是在从"母体"引进各种资源时，不能有效剔除"母体"本身存在的一些弊端，将"母体"落后的体制机制也引入到新媒体当中，阻碍了新媒体平台的发展。

（四）体制机制创新，借助社会资源

1. 体制机制创新

在传统广电媒体逐渐向全媒体转型的过程中，广电媒体被迫从封闭性、垄断性的传统媒体市场中走出来，并且逐渐进入到开放性更高、竞争更激烈的市场环境中。而随着市场发展环境的转变，传统广电媒体原来具有的事业单位特点的体制机制的弱点开始显现，过于僵化的体制机制根本无法与市场发展形势相适应，广电媒体必须配备更加灵活有效的体制机制，才能适应激烈的市场竞争形势，并且在市场竞争中努力提升自身的实力。

传统广电媒体具有事业单位的特点，但是迫于环境压力需要实行企业化管理，而这种体制机制的弊端非常多，随着传媒市场的竞争激烈程度不断提升，体制机制的改革和创新已经成为整个广电行业的共同追求。但是，对于从事业体制中发展而来的传统广电媒体来说，想要进行体制机制的改革非常困难。而对于刚刚成立的广电新媒体机构来说，由于是从零开始，因此可以比较容易地完成体制机制的构建，并且根据市场发展需求来构建最符合市场发展形势的体制机制，正是由于这一点，近几年创建的一些广电新媒体机构通常都采用市场化的企业体制。

尽管广电媒体体制机制改革非常困难，国内众多广电媒体仍旧采用各种体制机制创新方式开展体制机制的创新和改革工作。以深圳广电集团为例，集团从2005年成立开始，就已经将人力资源机制改革以及其他相应的体制机制改革定为集团发展战略规划。2010年，深圳广电集团开始正式进行人力资源管理机制改革，改革的重点问题就是将原来人力资源管理过程中的"身份管理"方式，转变为当前的"岗位管理"方式。具体内容是，对岗位体系进行重新构筑，构筑时应当注重流程梳理、职能实现这两个方面的问题，同时对各个岗位的任职条件、岗位职责等进行明确的规定，另外对集团制定的一些考核指标、标准等进行了量化处理，增加了考核的科学性，有利于采用更加客观的考核方式，实现岗位考核的公平公正。

2. 借助社会资源

广电全媒体的发展，需要依靠各种资源的支持，包括技术资源、人力资源、资金等，但是这些资源不能完全依赖"母体"的供给，特别是对于一些地方性的广播电视媒体来说，自身实力本身就不够强大，很难全力为全媒体的发展提供资源支持。基于此，广电媒体在全媒体发展的过程中应当不断提升自身的开放性，吸引社会资源的加入，并且努力应用这些社会资源来推动自身的快速发展。

凤凰新媒体的发展就充分借助了外部资源的帮助，并且成为借助社会资源促进自身发展的典型案例。2005 年，凤凰网起用刘爽、李亚等人作为新媒体发展的领导者，这些人都拥有国际互联网专业背景，具有比较丰富的新媒体发展经验。2009 年 11 月，凤凰新媒体获得了第一笔风投资金，总额达到 2 500 万美元，从此开启了快速发展历程。2011 年，凤凰新媒体在美国纽交所上市，成为国内首家具有传统媒体背景的新媒体海外上市企业。

当前，中国广电媒体在体制机制方面仍旧有待改革，现有体制机制不利于广电媒体引进社会资金，而且无法吸引优秀的高素质人才加入。因此，广电媒体在全媒体转型的过程中，应当持续推动体制机制的改革创新，这样才能与新媒体市场的发展要求相适应。体制机制的改革创新，不仅有利于广电媒体提升自身的市场竞争能力，而且还能实现与市场的对接，使得广电媒体与市场中的其他新媒体企业获得同样的市场环境和机会，并且在一定程度上促进外部资源的交流。

（五）合纵连横，联合发展

电信企业、互联网企业具有全国性、市场化的特点，而与之情况不同的是，中国广电产业的格局相对比较分散，而且具有比较明显的地域特点，产业形态呈现出"大而全""小而全"的特点，因此很难形成规模庞大、实力雄厚的广电媒体机构。这种单个性质的广播电视媒体，特别是一些地方性的广播电视媒体，自身实力都不够雄厚。在这种产业形势下，在广电全媒体转型发展的过程中，有必要打破地域方面的各种限制，通过合纵连横、联合发展的方式来促进广电媒体实力的提升。

首先，当前先进的网络媒体技术有利于广电全媒体联合发展的顺利实现。网络媒体的全球性特征，使得传统广电媒体的地域性、行政性特征被颠覆。从理论角度来说，在互联网上，全球任何地方的 IP 终端，都能够对互联网上的各种网络媒体进行访问，网络媒体天生具有平等性的特点，因此决定影响力的不是行政级别，而是用户访问量，即用户才是帮助网络媒体提升自身地位的主要力量。这就使得广电媒体在全媒体发展的过程中可以利用网络来打破原来的地域、行政级别方面的限制，为联合发展提供条件。

其次，联合发展有利于广电媒体提升市场竞争力。单一广电媒体的实力很难满足全媒体发展的资源需求，而且单一广电媒体需要独自面对市场风险。面对实力强大的电信企业、互联网企业的竞争压力，广电媒体必须联合起来，集合优势资源，共同面对风险，这样才能提升市场竞争力。另外，从市场发展形势来看，新媒体市场具有一定的容量，在马太效应的作用下，一些边缘性的媒体会逐渐丧失商业价值，只有通过联合发展的方式，才能促进广电全媒体转型的顺利实现。

CUTV 是媒体联合发展的一个典型案例。2011 年 1 月，在深圳广电集团的号召下，中国国内的多家城市电视台联合成立了城市联合网络电视台 CUTV，CUTV 内部成员不仅可以共享新媒体牌照，而且还实现了内容资源、技术资源、人才资源等多种资源的共享，最大程度地减少了全媒体转型所要花费的成本，并且降低了转型过程中的风险。

（六）构建全媒体优质品牌

媒体所能提供的服务内容越多，品牌价值也会随之提升。品牌的成功不仅有助于用户将其与其他媒体区分开来，而且更易获得用户的青睐和信任。媒体的成功主要取决于影响力的大小，而媒体经营其实就是不断提升影响力，进而形成媒体品牌。根据"马太效应"的相关理论，品牌影响力大的媒体，竞争优势相对将大，同时生命周期也相对较长，因此品牌战略应当成为广电全媒体发展的重点战略。从实际发展情况来看，广电全媒体品牌战略主要包括单一式、多元化两种，单一式品牌战略，就是广电全媒体围绕一个品牌发展，并且以此品牌为中心，开发各种跨越媒体、媒介的产品，这样可以形成品牌聚合力，并且品牌的影响力也更容易提升。单一品牌战略的实施，通常是延续原来的传统广播电视媒体品牌，使其在自身打造的各个全媒体平台上展现，英国广播公司 BBC 实行的就是单一品牌战略，中国的凤凰新媒体也是如此。这种战略模式因为拥有原来的品牌基础，因此比较容易获得市场认可，并且有利于降低全媒体品牌推广的成本。但是，这种战略的实施，需要单一品牌原来就具有比较高的影响力，这样才能帮助全媒体平台有效突破地域限制，并且获得与网络媒体同等的市场地位。

多元化品牌战略，就是在全媒体发展的过程中，广电新媒体并不使用传统广电媒体的品牌，而是独立打造属于自己的新品牌，这种方式使得一家广电全媒体拥有多个媒体品牌。中国许多广播电视媒体在全媒体发展的过程中都选择多元化品牌战略，比如深圳广电集团，拥有移动视讯、广信传媒等许多不同的媒体品牌；上海文广集团亦是如此，拥有百事通、看看新闻等多个影响力比较大的媒体品牌。多品牌战略的优势在于，有利于明确各个媒体平台的品牌定位，并且做好市场细分，劣势在于新品牌的成立需要花费一定的资金进行推广，同时需要更长的时间才能获得市场的认可，另外品牌过多也会相应增加管理的难度。

单一品牌战略和多品牌战略具有很大的差别，是两种截然不同的品牌发展方式，广播电视媒体在全媒体转型的过程中，应当充分考虑自身的实际情况，包括自身业务发展模式、目标市场特点、媒体规模大小、品牌文化创建等多方面的因素，这样才能选择更适合自身发展的品牌战略，快速提升自身的品牌价值，使得自己在市场竞争的过程中迅速占据优势地位，进而促进顺利实现全媒体转型。

第七章　新媒体时代影视传播的发展路径

新媒体的兴起给影视制作带来更先进的平台，拓宽了影视传播的空间和维度，为影视制作与传播提供了更多的发展机遇与空间，同时新媒体的迅速发展与普及带来一些不容回避的问题。本章将从新媒体环境下影视制作与传播的平台建设、影视制作与传播中的问题以及影视制作与传播的发展路径几个方面进行研究。

第一节　新媒体时代影视传播的平台建设

传统媒体对于影视作品的传播存在一定的局限性，特别是地域上的局限。影视作品仅能够在某个特定的时段播放，这样播放的弊端非常大。因为播放的时段有限，很多影视作品为了争夺黄金时段而抢破了头，最终能够在黄金时段呈现在观众眼前的好作品寥寥无几。很多优秀的影视作品由于在这场争夺的"战役"中失败了，便无法在适合的平台或者时段进行播出，这无论是对于创作团队，还是对于观众来说都是一种损失。

新媒体的出现打破了这种限制，让电视电影作品在传播上有了更广阔的空间，不在受地域的限制，当然这也是新媒体本身的特点，能够进行全球化的传播是新媒体的独有优势。传统媒体不仅时间有限制，本身在播放资源上，也存在一定的不足。观众的喜好、品味不同，导致无法有充足的资源满足观众的需求。

一、新媒体的交互性与影视制作与传播

（一）新媒体的交互性及其在影视制作与传播中的体现

信息的发布与接收被称作信息的交互。在新媒体时代，由于互联网的开放性和不受限制性，使交互性成了新媒体最大的优势之一。与传统的媒体传播不同，新媒体的交互形成了一个"良性循环"，不再是单一的单向传播，这是最突出的特征。

交互性建立在"单向传播"的基础上。因此，想要深入地了解什么是交互性，就要先明确"单向传播"的含义是什么。所谓单向传播，顾名思义，就是在传统媒体环境下，影视作品的传递只能够通过从信息源头发出，到信息接收者结束，无法实现在传播过程中的互动和意见反馈等。

在这样的传播方式下，影视作品无法及时了解接收者的意见，即便是有接收者想要传

递意见，也是要经过很长的时间才能够反馈回来，显然是不利的。没有一个影视作品的创作者不想在作品播出之后及时地了解大众对于作品的感受，第一时间获取大众的评价。这些评价和反馈的时效性是很重要的。如果经历漫长的时间来传递信息，待创作者收到反馈的时候，已经为时晚矣。

这一切，传统媒体做不到的都可以依靠新媒体来实现。新媒体环境下，由于交互性的增强，改变了原有的"单向性传播"。新媒体的出现，对于影视创作来说，无疑是一个里程碑式的存在。观众能够在互联网的支持下，对影视作品进行评价。即便是该作品刚刚问世，也会因为互联网的存在而传输到每个终端。这样的交互性对于创作者能够以最快的速度了解到公众对作品的反映，并针对观众的反映与评价进行分析；对于观众来说也非常有趣，他们能够在第一时间对影视作品发表想法，畅所欲言地表达自己的观后感是非常有成就感的。近年来，有一些电视剧正在挑战边拍边播，这是电视剧拍摄的一种新形式。创作者能够在作品播放的过程中了解观众的想法，结合大众的观点，对剧本进一步完善。观众的意见是非常珍贵的，也是非常重要的。观众的想法甚至能够对剧情的走向与结局产生影响，对于观众是非常好的体验。他们不再是单纯的旁观者，而是可以参与到影视剧中的创作者，显然这是非常有意义的事情。

在新媒体传播环境下，如果能够实现观众与创作者之间的双向互动，对于影视作品的意义将会是非凡的。改变了传统影视剧创作的单向性，促进了观众与创作者之间的交流与沟通，这是一个逐步完善作品的过程，也是一个使接收者与传播者之间实现平等的机会。

因此，在新媒体环境下，关于影视剧创作与传播的过程，不再被看作是"传播者—接受者"这样的单一过程。人们更认可将自己看作是新媒体时代信息传递的参与者，这是新时代赋予观众的权利，也是影视作品能够实现长远发展的重要保障。互动让影视作品的传播更灵活，观众也具有多样化的选择权。观众的反馈及建议是督促影视作品质量不断提升的动力。

在网络信息技术的支持下，人们对影视剧的信息传递有了更多的平台，例如，微信、微博、天涯论坛、百度贴吧等，特别是近几年影视剧的数量暴增，这一类交流平台更是层出不穷。很多艺术创作者很乐意接受大众的批评与建议，并且会根据大众的反馈意见对自己的作品进一步优化。

网络平台属于一个虚拟的空间，与现实世界之间看起来很近，其实非常遥远。由于在虚拟空间中，人们的沟通并不需要使用自己的真实姓名，因此在观点的发表上有了更多的空间。大众能够自由地发表观点，对影视剧的角色、剧情进行评价，针对影视剧的相关因素提出自己的建议。

虚拟空间的存在，让人们借助信息媒介进行沟通，无所顾忌地发表自己心中所想，畅所欲言，对于影视剧的未来发展十分有益。因为在终端设备前，人们正处于最放松自如的状态，所以发表的评论一定是内心的观点，这些观点往往是值得尊重的。

当前，由于新媒体技术的应用，初期创作阶段，我们将影视作品和观众之间的互动过程称之为线上活动。也就是说，影视作品的主创团队借助网络平台与观众之间建立起沟通的桥梁，能够沟通的内容也非常丰富，其中包括：剧情的主线，人物的特征、演员的性格、场景的设计等。观众能够针对不同的内容提供不同的想法。而影视剧的主创团队根据这些想法，合理地对影视剧进行修改，以确保更受大众的认可与喜爱。所以，一种"随拍随播"的影视剧形式出现了。现阶段，很多美剧、韩剧、日剧等之所以是一周一播，就是因为采用了这种拍摄形式的缘故。不可否认的是，这种播出方式实施以后，效果甚佳，甚至可以说是开辟了影视剧创作的新时代。全民都是影视剧创作的参与者，都能够为影视剧的发展做出贡献。

传播理论表明，每个人既可以做信息的接收者，也可以做信息的传播者。影视剧的传播也是如此。在影视剧的传播过程中，创作者越来越重视观众的喜好，经常会根据观众的要求进行创作。也就是说，利用新媒体技术，影视剧创作者能够了解作品本身是否受到观众的期待。如果不能满足观众的需求，市场无情，该影视剧必然会受到限制。这对创作者和消费者都是一种损失。

互联网的存在让影视剧的传播变得更容易，特别是一些话题性强、故事情节吸引人的影视剧。这一类影视剧的广泛传播，使新媒体环境下的影视制作与传播形成了一个良性循环体系。在现阶段的影视剧运作过程中，都体现着观众与创作者之间的良好互动。例如，在影视剧《爱情公寓（第五季）》的结局处，男主角曾小贤面临着一个艰难的抉择，而不同的选择将会对下一季的剧情产生直接的影响。由于这部影视剧是在电视和优酷网同步播放，所以，观众可以参与到剧情的选择中，可以登录官方网站，对两种不同的结局走向进行投票。

智能时代的到来，让我们的终端设备"越来越小"，小到可以拿在手中观看。平板电脑、智能手机的广泛应用，更是让观众在观看影视剧时不受时空的限制。在观看新剧情的同时，观众还能够对过去的剧情进行回顾。如果一些观众因为客观因素错过了之前的剧情，可以通过视频网站进行点播，这样就不会在观看新剧情的时候摸不着头脑，这都是新媒体带来的优势，传统媒体是无法实现的。

综上所述，新媒体环境下，影视作品的传播不再受时间和容量的限制，为影视行业的发展带来更多的空间。

（二）利用新媒体交互性强的优势，建立开放的影视制作与传播渠道

伴随着我国人民的物质生活水平不断提升，人们对于精神方面的追求更加多样。他们需要更丰富更高质量的影视作品来满足精神需求。随着参与意识的增强，人们已经不能满足被动接受艺术作品。由此可见，建立开放的影视传播渠道是行业发展的关键问题。

新媒体与传统媒体相比，优势在于传播范围广，互动性强且不受时空的限制。只要有网络，观众就可以利用终端进行信息反馈。也正是因为这些优势为影视作品制作与传播渠道的开放提供了有利条件。

第一，新媒体不受时空限制，且传播范围广，优势能够得到充分的发挥。时间的开放性是影视作品制作与传播的必要条件。影视作品在传统的媒体平台上进行播放，主要有两种渠道，一是电视，二是电影院。除此之外，别无他法。我们可以看到，平台的数量与影视作品的产出量之间差距悬殊。电影荧幕数量有限，电视台能够播放影视作品的特定时段有明确的限制规定。这就意味着，大量的影视作品没有播出平台，影视作品的播放问题大有千军万马过独木桥之势。而这两种播放平台的问题也有很多。一些优秀的影视作品没有更好的播放平台与资源，尽管足够优秀，却也如石沉大海，杳无音讯，而很多优秀的影视创作人才也就此埋没，这是影视艺术行业的损失。

新媒体出现后，影视制作与播出平台数量大幅度增加，过去的问题得到了有效解决。专业视频播放网站的出现为影视创作者带来了发展的契机。影视创作者可以倾心投入到艺术创作中，而非专业的影视艺术爱好者可以借助新媒体播放平台进行自主创作。这样开放性的影视创作，让越来越多的人参与到影视行业中，每个人都可以成为创作者，满足自己的创作愿望。大量的影视作品有了专业的视频播放网站进行传播，不必再担心好的影视作品会被埋没。

另外，观众在对信息接收的时候有了更多的自由。由于不受时间与空间的限制，观众在新媒体环境下，能够对信息进行随意的接收与保存，还能够进行二次传播。新媒体环境下，实现开放性的影视制作与传播，必然依赖新媒体技术。

第二，充分发挥新媒体的交互性，是新媒体在选择传播平台与渠道时更科学合理。

传统媒体与互联网最大的不同之处就在于传统媒体的信息传递是单向的，而互联网能够实现双向、多向的互动。特别是一系列终端设备的普及。影视作品的生产者与消费者之间的界限变得不再明显，受众不再受到限制，他们能够和编剧、导演一样参与到影视艺术作品的创作过程中。

例如，很多节目就会选择手机短信投票的方式与观众进行互动，让观众感受到自己也是节目的制作者；再如，充分发挥手机随时收看随处收看的优势，打造更开放的传播渠道，为观众和影视作品之间的交流建立更自由的空间，从而加深观众对影视作品的印象。

二、新媒体的参与性与影视制作与传播

（一）新媒体的参与性及其在影视制作与传播中的体现

在新媒体影视制作与传播的过程中，任何人都可能成为影视制作的传播者、受众甚至是创作者，这是新媒体时代，影视制作与传播最明显的特征。伴随着新媒体技术的不断发展，受众在影视剧创作过程中有了参与权和话语权，制作者与受众之间的区别也就越来越模糊了。在新媒体环境下，受众参与到影视制作与传播中，对于影视作品来说意义重大，不仅能够及时地对作品进行更新，还能够使受益面大大增加。

传统影视作品的制作并非易事，其中所涉及的步骤复杂且专业，很少有人能够将自己

的想法用简单的方式表现出来。但是新媒体环境下，影视作品的创作就不会那么复杂了，没有了设备、技术以及专业人员配备的桎梏，制作者仅仅需要一台 DV 和一个剪辑软件，就可以创作一部新媒体影视作品。新媒体的参与性得到凸显。

除此之外，4G 网络与智能手机的广泛应用使人们能够在这个小小的终端设备上观看视频。在第十四届上海国际电影节上，"手机电影"第一次进入大家的视野，吸引众多新媒体从业者的目光。手机电影节的举办，征集了来自全球 9 700 多部短片参与其中，可见新媒体参与性的强大。需要着重说明的是，这些短片大部分来自非专业人士。他们制作的"微电影"类型多样，囊括了所有剧种，甚至还有作品在众多影片中脱颖而出，进入决赛。新媒体的出现，让影视行业实现了突破，让广大影视爱好者有机会在平台展示自己的才华。这是一场属于草根的盛宴与狂欢。

（二）充分利用新媒体平台，吸引人们参与影视的创作和传播

在影视制作与传播过程中，受众的参与对于行业的发展尤为关键，这是影视创作与传播的重点工作。那么吸引受众参与到影视制作与传播中就是重中之重。只有受众乐于参与、主动参与，影视作品才能牢牢地抓住观众的心。

第一，改变受众的思维方式。一直以来，受众将自己看作是影视内容的接受者，他们没有意识到自己在影视作品创作中的主动权。想要吸引人们参与到影视创作与传播中，就要改变受众将自己看作被动接受者的思维方式，需要一个平台来实现这一目标。传统的影视作品传播平台都是以提供影视内容为主，为了提高受众的参与度，应该将传统的影视作品的传播平台打造成聚合型媒体平台。聚合型媒体平台与传统平台之间最大的区别就在于，前者能够将平台作为媒介，受众能够在平台上将自己制作的影视节目进行上传或下载，并针对影视内容进行互动交流。改变了传统媒介单向的传播方式，真正意义上实现了双向及多向互动。

为了争夺受众的参与，新媒体的运作模式变得更加年轻化。现在大多数的年轻人，空闲时间基本上都是通过手机或者是电脑获得信息，从而实现与同龄人或者是有相同爱好的人进行交流互动。青年人成了新媒体的主要受众人群，年龄范围在 18 ~ 40 岁左右。互联网使用者年轻化趋势更明显。调查显示，受众占比最高的年龄阶段是 20 ~ 24 岁，所占比例 59%。由此可见，网络自制的影视作品受众十分年轻。而为了实现网络影视作品的精品化发展，网络影视的创作者们想做出更优秀的作品，就需要了解年轻人的思想。《延禧攻略》作为 2018 年爱奇艺最热门的网络剧，毫无疑问是年度收视之王，仅仅 36 天的上线时间，播放量就达到了 110.5 亿次；继《延禧攻略》之后，2019 年的《黄金瞳》，上线 4 天时间，播放量就已经达到 4 亿次。可见，为了吸引更多的受众参与影视作品的创作和传播，就要充分利用新媒体，跟随社会潮流，抓住青年群体的需求。

三、新媒体的个性化与影视制作与传播

（一）新媒体的个性化及其在影视制作与传播中的体现

传统媒体传播方式非常单一，只能通过电视或者电影院进行传播，影片内容也偏向大众化，影片的制作建立在大众喜好的基础上。但是由于每个受众群体对影片的喜好是不一样的，类型也不尽相同，难免会为影视创作者带来一定的困难。新媒体的出现解决了这一难题，对于人们个性化的需求给予满足。制作者可以专注只针对某一受众群体或者某一影片类型进行制作，制作出来的作品无须担心无人观看。因为新媒体环境下，受众借助互联网平台能够主动地选择自己喜欢的影片类型。

可见，与传统媒体相比，新媒体更能满足现代人的个性化需求。这些影视作品运用不同的主体，采用不同的创作风格来制作出不同类型的作品，从而满足不同受众群体的需求。令人惊喜的是，新媒体技术还有定制功能，只要受众群体提出要求，可以通过"点播""追文""追帖""下载"等方式进行定制，制作者就能根据他们的要求做出符合他们需求的作品。这一功能的出现不仅满足了受众的需求，还能实现双方对接交流，制作者在受众的评论中获得新的灵感。创作的作品也能根据自己的创意和主题随意切换，完整地表达出作者的中心思想。

（二）充分利用新媒体平台，着力体现影视制作与传播的个性化

由于性别、宗教、年龄段、个人兴趣爱好、受教育程度等各种因素的不同，微视频的受众群体对于微视频的喜好也不尽相同，于是便出现了分众化。所谓分众化指的就是在面对不同受众的不同兴趣时，需要将微视频分门别类。伴随着受众的需求越来越多样化，影视作品为了满足受众群体的需求，就要明确自己的微视频定位，有针对性地根据一类或者多类受众群体的喜好进行微视频的创作。

在新媒体的环境下，影视作品的传播方式也多种多样，传统影视作品利用电视进行传播，而今网络视频大有取而代之的趋势。手机、电脑、平板等终端设备成为更多人的选择。所以，影视作品在制作时，一方面要注意分众化，另一方面也要关注到个性化。影视作品创作阶段，要分析好观众的实际需求，针对观众的喜好进行个性化定制，实现影视制作与传播的最佳配合。

"定制化"模式下的影视作品，从根本上讲就是将原本的"单一化"进行整改，将原本影视作品的无差别投放转换为针对性投放，面对不同的受众人群的不同需求，为他们量身打造不同的影视作品。这就像近些年常见的"DIY"一样。许多商家都有为顾客提供"DIY"服务，"DIY衣服""DIY相册""DIY蛋糕"等。究其根本，这就是制作者根据受众的不同需求为他定制出来的产品。

而影视作品的"定制化"是最能够彰显"定制化"意义的领域。手机网络4G普及，

带动手机电影的蓬勃发展。如今，随着 5G 的时代的到来，属于影视作品"定制化"服务的新高峰就在眼前。

第二节　新媒体时代影视传播存在的问题

一、偏离主流文化的倾向

当前，新媒体影视作品中能够称之为精品少之又少，大部分还是以自娱自乐为主，从严格的意义上来讲，这些并不能称之为"作品"，仅仅是能够向观众免费提供的视频而已。于是，影视行业开始将票房和收视率看作是好作品的指标，同时也成为行业内部的主要驱动力。然而实际上，过分地追求票房与收视率其实是影视行业的一个商业化表现，这也是现如今市面上的影视作品出现媚俗化的原因。

为了吸引观众眼球，为了吸引观众点击收看，创作者在影视制作的时候刻意追求刺激，甚至是别出心裁地寻找一些"极端手段"，以求能够提高收视率和票房。影视内容毫无意义，迎合低俗，哗众取宠。甚至还有一些影视作品试图用暴力、色情的片段吸引观众，与主流的文化创作背道而驰。这样的影视作品借助新媒体之势，在公众之中大肆传播，影响了人们精神生活的质量。特别是青少年，作为新媒体环境下的第一受众人群，观看这些质量粗糙、内容毫无营养的作品难免会产生负面影响。

新媒体时代，商业化的影视作品层出不穷，其中涉及的盈利环节也有很多。就以微电影为例，这种电影的盈利模式与传统电影的盈利模式相比还是很不成熟。所以，如果在这样的模式下，利用收视和客流量来实现盈利是很困难的。因此，为了保障利益，很多微电影在制作过程中，不得不加入一些广告以确保自身利益不会受损。微电影作为新媒体时代下最具有代表性的例子，由于传播范围广、效率高，制作精细且投放准确率高的特点，备受广告商的喜爱。于是，间接导致了很多无法实现盈利的艺术创作者为了追求利益，想方设法讨广告主的欢心，拍摄的影视作品完全是为广告商量身打造的。

由此可见，新媒体环境下，影视剧的投资方与制作方为了尽可能地降低成本，在新作品投入拍摄以前，都会与潜在的广告商进行沟通，希望能够利用"植入广告"的形式获取投资，以确保能够减少制作成本。但是，制作方在影视作品的广告植入环节也不是完全随意且刻意的。为了不引起观众的反感，制作方需要对这些广告进行评估，确保广告能够带来收益的同时，还能让观众乐于接受。为此，制作方绞尽脑汁想办法将"广告植入"做得自然有趣。毋庸置疑，在一个新兴事物的发展初期，不得不采用商业化的手段进行过渡。所以，当前的网络新媒体盈利模式不够成熟，采用这种"植入广告"的方式也是能够理解的。但是在未来，一旦形成成熟的互联网新媒体生态系统，影视作品还是应该回归本质，将更多的精力放在影视作品内容上，注重作品的品质，并以此作为新媒体环境下影视行业发展的助推力。

如果过度依赖广告投放来获取利益，对于影视作品的未来发展来说其实是极其不利的。一旦艺术创作过分地依赖商业利益，那么艺术就变成了为满足商业需求的产物。当艺术创作被冠以"娱乐化""快餐化"且过度配合广告商时，不但剧本、台词会变得生硬，故事情节更是与现实生活相背离。但是，现如今市面上已经出现了这一类型的影视作品，挂羊头卖狗肉，最终成型的作品与最初的预告之间天差地别。如果不能够对这一类型的影视作品进行监管和严打，新媒体技术带来负面作用。

不过，值得庆幸的是，这一类缺乏艺术美感，过度追求商业化的影视作品也受到了大众的谴责。伴随人们生活品位的提升，对于艺术的追求也越来越高。这样毫无艺术价值，且满是"利益"的作品已经不能够被包容，因此，新媒体影视创作面临的挑战不小。过去的传统媒体在播放前都有着严格的审核。新媒体的出现，给予影视作品自由的空间。"自由"的存在对于影视行业来说利弊共存，如何将新的影视概念在合规的前提下传递给大众是需要仔细斟酌的。

新媒体时代，艺术创作者与受众通过互联网平台这一媒介实现了无缝对接，这是一个崭新的时代。对于艺术创作者而言，它的出现改变了传统的创作方式；对于受众来说，它改变了大众观影的习惯。借助新媒体，影视剧中所要传达的思想、价值观，将会以最快的速度渗透到现实社会。由于政府相关文化部门在这一方面的监管上还不够完善，再加上个别网站一心只为了自身的利益，所以，当前网络上的视频作品质量参差不齐。

互联网的存在仿佛为我们打造了一个与现实生活平行的世界。在这个空间中，一切都是虚拟的，虚拟的环境，虚拟的人，大家不需要透露自己的真实姓名，披着虚拟的外套在网络空间肆无忌惮。于是很多人常说，"互联网是法外之地"，没有完善的管理体系。互联网中不乏有一些影视作品会对青少年的价值观、人生观、社会观产生消极影响，特别是一些视频中的暴力、血腥、色情的内容，对于没有明确判断能力的青少年来说有着"致命"的影响。这些"毒药"裹着"糖衣"，对身心发育尚不健全的青少年产生有害影响。

二、版权保护不力

版权也可以称作"著作权"，是法律赋予原创作者对自己作品的所有权利。对于新媒体技术来说，受众与制作者之间并没有明确的分界线。他们所制作出来的网络视频、微电影、电视剧等只要是拥有自己的创意，均属于原创作品，都应该受到版权的保护。

新媒体环境下，大部分影视作品会利用网络进行传播，为网络带来巨大的流量。但是，在审核阶段，由于审核力度有限，大量视频网站中存在侵权现象，致使原创作者的利益受到侵害。由于网络空间的虚拟性，再加上监管体系的不完善，想要追查到侵权人是非常困难的。

新媒体创作环境具有非常明显的平民化和非学院派。没有学习过影视制作的人群也可以利用新媒体发布自己的影视作品，这就意味着创作视频在分类上不明确、创作价值也不高，没有借鉴价值，只有"模仿价值"。大多数的影视作品，由于作者只是注重点击率、收视率或者下载次数，不关心影视作品的潜在价值，导致许多影视作品过分随意。

另外，法律制度的不健全，导致通过新媒体渠道发布的影视作品能够免费下载和传播，很多别有用心的侵权者，就会将这些作品下载下来另作他用，甚至有一些人盗取别人的作品用于非法用途。可见保护影视作品的知识产权工作迫在眉睫。

消极因素的存在势必会对新媒体版权市场造成混乱，对于市场价格体系的形成也会产生一定的影响。作品提供商和服务提供商之间一直存在影视作品的版权问题，在一定程度上影响了影视行业的健康发展。

基于上述一系列的问题，关于我国的影视版权问题应该得到重视。知识经济时代，对于知识产权的保护应该尽快落实。除了要采取切实的手段对影视作品的版权进行保护以外，还应该从自身做起，拒绝盗版，抵制侵权作品，从而打击版权侵权行为者的嚣张气焰，还新媒体影视创作行业一方净土。

三、新媒体环境下的微电影盈利模式尚不明朗

新媒体时代，微电影的制作者遇到了一个左右为难的问题，使微电影的制作陷入了困境。创作者想通过微电影创作实现盈利，就需要广大的观众为作品买单。但实际上，在网络新媒体环境下，人们并不愿意通过付费的方式来观看视频。针对收费问题，我国影视行业也没有一个明确的标准。

因此，创作者想要通过观众付费的方式来实现盈利，从而保障制作成本不会被白白浪费是很难实现的。为了使观众能够免费地观看影视剧，给大众最好的观影体验，微电影只有在制作和拍摄过程中，采用拍"广告"的方式回收成本，这也是实现成本资金回笼的唯一方式。但是，不同的制作方对于广告的应用方式是完全不同的。

微电影中的广告就比较擅长用隐晦的方式表现出来，例如，将广告商的品牌收进影片镜头中，为该品牌起到间接宣传作用。手机广告商、服装品牌或者是饭店常用这种手段。另外，将贴片广告安插于微电影的播放前期或者播放中期也是植入广告的一种办法。两种办法经过对比，我们能够发现，前者更容易被广大群众所接受，因为这种植入广告的方式不会对片子节奏造成影响。广告确实不应该在艺术作品中有过多的呈现，但是行业以及创作者的利益问题也需要考量。当微电影的制作越来越精良，承载的命题越来越有深度的时候，广告的存在感就会逐渐被削弱了。

随着科技的发展，微电影的拍摄势必会成为影视行业的流行趋势。微电影刚刚起步，未来的发展过程面临着千难万险，我们很难预测微电影这一影视创作类型是昙花一现还是

里程碑式的文化产物，只有交给时间去检验，交给大众化去赏析。但作为观众，还是更希望微电影的路能够越走越远，越走越宽。

四、影视创作者没认识到新媒体的重要性

技术与艺术的完美结合是对影视艺术作品提出的根本要求，这也是自影视作品诞生以来，影视艺术创作者一直在强调的重点。我们看到新媒体技术的出现为影视行业带来新的发展契机，但对于传统影视行业来说，新媒体的存在并不意味着要取而代之，而是作为一种补充，对过去影视行业的不足进行弥补。在艺术创作中，能够应用新媒体技术的机会更多一些，以确保艺术特质能够与技术之间进行完美的融合，为影视艺术创作提供支持。需要重点说明的是，这里所说的艺术特质指的是一种深层次的"诗意"，而不是限于华丽的外表。

在我国现阶段的影视艺术创作中，由于新媒体技术的广泛应用，使行业出现了全新的制作理念与手段。也正是这些理念与手段的出现，影视行业为我们打造了前所未有的视听盛宴，这是在传统媒体时代无法想象的。在电影和电视剧中应用新媒体数字技术，能够使影视作品的制作更精良。以制作理念为例，在数字影像与声音上，制作理念有两个不同的方面，一是更现实的影像理念，这种理念下，审美是比较传统化的；二是超现实的影像理念，这种理念下，能够为观众带来"新"和"奇"才是最重要的。在超现实理念支配，创作者可以天马行空，甚至是打破时空的概念，力求能够带给观众更多新的视听体验。

我国电影在制作过程中，也在不断吸收这些崭新的技术和理念，希望能够使国产电影有所突破。当然，因为这些技术的广泛应用，在为我国电影行业带来了更多的经济效益的同时，也涌现了更多优秀的电影作品。当前从事影视艺术创作的原创制作人并没有意识到新媒体技术对影视创作的重要意义。他们在拍摄影视作品的时候，仍然采用传统的创作方式。还有一些电视台因为自身条件有限，或者是安于现状，不愿意接受新媒体创作所带来的优势。在台里的栏目剧中，创作水平仍然停留在较低的层次。这些电视台不但没有充分利用好自身的资源，而且在艺术追求上没有目标，最终所呈现的影视作品，不仅剪辑粗糙，而且很难跟上时代的发展步伐。特别是影视作品的受众人群越来越年轻化，审美眼光越来越独到，电视台如果继续上映这样的电视节目，将会直接导致收视率下降。一旦电视节目的收视率有所降低，随之而来的负面影响就会越来越多，不但广告收入大幅度减少，而且由于经费的匮乏，电视台再难制作出合格的电视节目，如此反反复复，形成一个恶性循环。

不能否认的是，当前新媒体影视制作与传播过程中存在很多问题，这些问题影响新时期影视行业的发展。所以，加强文化产业的管理势在必行。新背景下文化产业的管理主要有两种方式。

第一，将文化产业管理落实到实位，完善相关法律制度

完善的法律制度能够为一个行业的长远发展保驾护航。针对新媒体环境下网络作品传

播的特点，我国应该及时对相关法律法规进行完善，构建网络影视作品版权保护制度，修订现有法律，将互联网上的侵权行为落实到具体的法规中。另外，还要明确电影监管部门对新媒体时代电影的管理权，确保政府在文化产业中的管理地位。

第二，采取有效手段对网络实施有效监督

一方面，可以从正面对影视行业进行引导，将新媒体环境下的影视作品进行科学的分类，从不同种类、不同角度建立影视作品评比激励机制。使影视作品的创作者意识到，在市场大环境下，除了竞争以外，还有更值得努力获取的东西。

另一方面，还要建立举报机制，网络的范围是庞大的。在管理过程中，想要完全依靠专业人员与技术手段，对庞大的网络进行管理是不可能的，所以难免会有漏网之鱼出现。如果能够让广大的人民群众参与到网络的监管中来，对于媒体环境的长远发展将会起到关键性的作用。广大人民群众作为网络的使用者，及时举报网络媒体中的有害信息，不仅能够有效地维护健康、干净的网络环境，还能提高群众的责任心。

第三节　新媒体时代影视传播的发展路径

一、影视传播平台的未来发展路径

21世纪，我们已经进入新媒体时代，影视产品实现跨平台传播将会成为未来影视行业的主要发展趋势。从当下的影视内容市场来看，一些当红的真人秀和热播电视剧之所以能够获得如此高的关注度，就是因为它们不仅仅在电视上进行播出。例如，《歌手》和《快乐大本营》是湖南卫视招牌节目，但是，两档招牌的真人秀节目，除了在湖南卫视播出外，在芒果TV这一视频软件中也上线；再如，影视剧《都挺好》的播出，掀起了一阵追剧热潮，关于老人的赡养问题备受社会关注。而这部影视剧不仅是在浙江卫视和江苏卫视播出，在爱奇艺视频和腾讯视频等网络平台上，也有这部剧的身影。

更重要的是，这些真人秀与影视剧的热播带动各行各业的发展。不但一度在社交网站上引起热烈讨论，而且由于节目过于火爆，还上映了同名的大电影，制作了与节目内容相关的玩偶和手游，甚至一些衣服、书包等周边产品都受到了人们的喜爱。这不免让我们深思，新媒体环境下，影视产品内容实现跨平台传播，一方面是对内容的生产提出了更高的要求，但另一方面，也为影视作品的发展带来崭新的机遇。

（一）从多平台内容传播到跨平台内容生产

伴随互联网的蓬勃发展，各式各样的传播平台在互联网技术的支持下崭露头角。影视视频的传播与消费不再限于视频网站，五花八门的社交媒体正在向影视行业进军。

1. 受众地位的改变

受众地位的改变是受到传播生态和互联网一系列因素的影响。随着科学技术的不断发展，如今的传播生态的复杂程度要远远高于任何一个时期。电脑、电视、手机、IPad……这些多样化的传播平台，都有自己独有的特征，所以如果想要使传播内容取得最佳效果，就要保证产品特性能够与这些平台的传播特点相符合。终端种类的不断增加，让影视内容进行多平台传播成为不争的事实。媒体在生产内容的时候，要意识到终端数量的增加和对产品内容的消费，不仅仅是在平台上有了更大的空间，更重要的是，在这样的条件下，受众人群已经发生了巨大的改变。如果说在 20 世纪 60 年代，影视作品内容进行了改变，是因为受众从乡村到城市进行了转移，那么 21 世纪，受众的行为与状态同样会对影视内容颠覆性的改革产生影响。

2. 用户越来越频繁的分享习惯

社交媒体时代下，传播内容的多样性越来越明显，在互联网技术的支撑下，受众的主动性越来越被重视。托夫勒在《第三次浪潮》中，针对当前生产消费者的情况做出了分析。他认为，人的个性结构在很大程度上将会受到生产消费者兴起的影响。

受众所呈现出的消费者特性，在社交媒体时代尤为明显，而且规模越来越大。除此之外，受众的互动特性也相对较强。作为新媒体平台的用户，受众能够在平台上分享自己的生活，发布自己的日常状态。有一些学者认为，用户的这种分享行为是存在 UGC（ User Generated Content 用户原创内容 ）的。当然，也有不同立场的学者针对这一现象保留意见，并始终持观望态度。他们认为 UGC，实际上是一种参与的幻想，并非实际参与其中。可是不能否认有 UGC 和分享规模已经越来越大了。很多人已经将分享看作一种习惯，这对内容的跨平台传播提出了更高的要求。相关内容在传播上一定要符合分享使用者的习惯，才能够实现更长远的发展。

3. 粉丝经济的重要性

不能否认，在这个流量为王的时代，粉丝经济的作用非常明显。因此，意识到粉丝经济的重要性非常关键。粉丝经济的形成依赖于互联网时代传播渠道的丰富与多元化。传播型媒体的渠道价值逐渐被削弱，而一股神秘的力量越来越明显，这便是粉丝型媒体的力量。简言之，"粉丝经济"。因此，在媒体内容的开发时，也需要为了保障粉丝经济而选择迎合粉丝的多样化需求。例如，一个"星战粉"，他们的爱好不仅仅限于电影和漫画中，同样系列的玩具、公仔、主题乐园、网络游戏等都是他们的喜好。所以，运作粉丝经济是跨平台产品需要考虑的重点内容，维护粉丝，扩大粉丝群体数量，才能够保证跨平台产品运作的成功。

4. 增强内容生命力，扩大产业拓展机会

影视作品能够实现跨平台传播，实际上是增加了传播频次，客观上为影视内容的传播带来了崭新的生命力。但更重要的是，影视内容的跨平台传播，一方面是为了满足受众的收视需求，另一方面也是为了实现进入全产业链的目标。关于这方面的问题不难理解，像

《黑客帝国》《星球大战》等就是最典型的例子。当红的真人秀节目《奔跑吧》也是如此。这一真人秀节目的出现，受到了广泛的欢迎，从而打开了全新的商业领域。

该节目播出以后，不仅在电视屏幕上热播，而且同名电影相继推出，同名手游的用户量也非常多，当然，还包括一系列的周边产品，都实现了热卖。由此可见，每件产品的每一次跨平台开发，都是一个新的盈利点。而这一手段，对于当前正在转型的传统媒体来说，是一个不可错失的机会。

（二）跨平台内容生产的内涵

所谓跨平台的内容生产，如果从字面上理解，可以从两个方面进行分析。一是在产品开发的过程中，结合不同的传播平台特点进行开发，也就是说，开发内容是经过多个平台来实现的；二是在那种产品开发的过程中，以不同平台为物理基础，通过该平台的物理特性，使节目能够实现在不同平台上的内容开发。后者与节目生产链条的碎片化有异曲同工之妙。节目生产链条碎片化，指的是互联网大背景下，将节目的创意、制作，以及包装的环节全部打碎再造，然后在不同地域不同平台将这些内容进行生产组合。这也是当前跨平台内容传播的一种可能性。

必须要明确的是，想要实现跨平台内容开发，必须要在跨平台内容传播的基础上。如果没有内容传播跨平台的事实，那么想要实现跨平台的内容开发是不可能的。这就对影视内容提供商提出了更高的要求。影视内容提供商要确保视频的内容在多个平台的传播有实际意义。还要注意，当影视产品实现了跨平台的内容生产，一定要明确内容生产的实际内涵。所以生产并不是对原有节目进行微小的改造，而是要在原本节目的基础上进行大规模的变动与优化。

若从媒体企业的发展战略的视角来看，跨平台实际上是一种战略。企业最终的目标是形成企业的品牌，所以会采用跨平台的方式为自己的产品进行扩张。这也就意味着实现跨平台的传播实际上是为了形成更丰富的产品集群。所以将原本在其他平台进行扩张与改造，才是媒体企业和发展战略的真正目的。

而关于这种扩张与改造，在漫画和畅销书的影视节目画中表现最为突出。而作为影视行业的高手，好莱坞将这一作用发挥到极致。我们都知道《星球大战》如今的产值已经高达460亿美元，这是一个巨大的商业帝国。但是这个帝国的最初雏形，仅仅是一部名为《星球大战》的电影。而正是从这部电影开始，一个属于星球大战的王国逐渐形成。从电影到书籍再到服装，一系列的跨平台产品内容已经延伸到了各个产业。所以我们能够看到它所创造的奇迹，并不依赖屏幕，而是通过适合的手段创造新的盈利点。

电影《黑客帝国》也是如此，它的跨平台历程是从电影到漫画书到平台游戏，再到网络游戏，这些跨平台的产品之间都具有连贯性。在不同的媒介平台上，它们展现出不同的魅力，所以才实现了盈利。对于媒体行业来说，跨平台的存在不仅仅是为了内容生产，更是通过多个平台打造全新的行业生态帝国，为行业的发展带来新的可能性。

新媒体技术的发展绝不会止步不前，未来随着技术手段的不断进步，新媒体能够带给我们更多的惊喜。影视作品也会日益成熟，观众的选择也将越来越多样化，我国想要打造文化强国的目标一定会实现。

二、影视艺术创作的未来发展方向

（一）影视艺术的发展

随着互联网技术的飞速发展数字媒体技术应运而生，而数字媒体技术的出现，对于影视艺术的发展和创作产生了直接的影响。影视艺术的生产方式正在悄悄发生改变，过去单纯地利用人力物力进行生产影视的方法逐渐被替代，采用新型的计算机与数字媒体技术进行创作，是新时期影视艺术所采用的重要手段。

不仅如此，数字媒体技术的广泛应用，让影视艺术发生变化。除了生产方式上的改变，表现手法以及审美视角上都与从前不同。

当前，数字媒体技术在影视艺术发展的全过程中发挥了重要作用。第一，在影视艺术的前期准备和剧本创作阶段，应用数字媒体技术能够大大地提升工作效率，减少不必要的时间消耗，创作者在准备阶段可以利用计算机技术对分镜头脚本进行设计，采用动画设计为影视作品拍摄营造真实的场景，实现对拍摄方案的调整；第二，在影视作品的中期拍摄过程中，数字化媒体技术能够起到连接的作用，他像一座桥梁横跨在摄像机、录像机与电脑之间，可以将影像作品和画面第一时间传送到电脑中，并利用合成技术观看到最终呈现的画面，从而使接下来的拍摄更有目的性；第三，后期影视剪辑与制作阶段，数字媒体的作用得到了最大的发挥，这一部分工作也是数字媒体技术最擅长的部分，采用影像生成、处理和合成等技术，将影片的剪辑与制作程序进行简化，从而使后期制作的工作效率得到提升，除此之外，在数字媒体技术的支持下，对镜头剪辑和影像色彩画面进行改动，对声音进行处理等工作更是易如反掌。数字媒体技术的应用，为影视艺术的创作带来了更多发挥的空间，从而保障影视艺术的专业性与技术性，为未来影视艺术行业的发展奠定了坚实的基础。

（二）数字媒体技术对影视艺术的影响

数字媒体技术的应用对于影视艺术会产生一定的影响，我们主要从两个方面展开讨论。

1. 积极影响

（1）推动了影视艺术生产方式的变革

数字媒体技术的发展使影视艺术生产方式产生了巨大的变革，影视艺术生产创作的水平与效率都得到了提升。传统影视艺术的创作思路与方式受到了颠覆性的改变，为影视创作者的创作提供了更广阔的空间，受众在影视艺术类型上也得到了全新的体验，为影视艺术行业的发展带来了创新。

在影视作品创作过程中，应用数字媒体技术，不但能够简化生产流程，方便创作，还能够大幅度地提高生产效率，使影视艺术的创作迈向更高台阶。特别是许多高科技影视设备在影视行业中的应用，极大地提高了影视画面的美感与质量。

同时，数字媒体技术中的合成制作手段，让一些现实生活中无法看到的场景与画面，在影视作品中得到呈现。不断带给受众强烈的视觉体验，更是给予受众心灵上的震撼，使影视艺术与受众之间的距离逐渐缩短。

（2）推动了影视艺术理论的创新发展

正是因为数字媒体技术的出现，让人们对于影视艺术理论有了新的思考。在影视艺术创作过程中，关于现实问题一直备受争议，究竟是记录现实还是虚拟现实，是影视艺术理论的主要争论点。特别是在数字媒体技术应用后，关于这一方面的争议，更是走向了高潮，影视艺术的发展走向也受到了争议的影响。传统的影视艺术创作者认为，影视艺术源于现实生活，影视创作的目标是要对生活原貌进行还原，从而保障影片具有较高的真实性。美学元素的融入则是要建立在真实性的基础之上。

数字媒体技术使人们对传统艺术理论有了新的认知，新媒体视角下看待影视艺术创作是一个全新的局面。虚拟现实走进了大众的视野。影视艺术创作得到了数字媒体技术的支持，所以能够从全新的视角来呈现影视作品。一方面，确保了作品的真实性，另一方面，利用技术手段，打造了虚拟的场景，是观众的多样化需求得到了满足，同时，为影视艺术作品的形式带来了多元化发展。

2. 消极影响

（1）削弱了影视艺术的人文情怀

数字媒体技术的普及在带来一些积极影响的同时，也出现了一系列的负面效应。由于影视艺术呈现过程中对于数字媒体技术过分依赖，所以在很多影视作品中，会用电脑设计的动画形象替代真实演员的表演。尽管从色彩和表现等方面来讲，这些有电脑设计的动画形象同样生动，但是，影视艺术的人文情怀却大大地被削弱了。甚至伴随着数字媒体技术的广泛应用，观众在观看影视作品的时候过分在意技术，忽视了影视作品本身，使数字媒体技术的魅力掩盖了影视艺术作品的光芒。

在数字媒体技术的作用下，尽管有了强烈的视觉效果，但是原本影视艺术的价值和思想性却弱化了。在影视行业多年的发展过程中，我们意识到，一些影视作品能够拥有持久的生命力，并一直受到观众喜爱的原因是因为他们能够激发共鸣，引起人们的深思，并不是因为在视觉上多么震撼，技术多么先进。所谓情感的共鸣，才是影视作品长久生存的唯一法则。而情感共鸣需要人文情怀来带动，一旦数字媒体技术的应用，削弱了影视艺术的人文情怀，那么能够有影响力的影视艺术作品将会越来越少。

影视创作者应该意识到，数字媒体技术仅仅是影视艺术的辅助手段，它并不能完全代替传统的影视艺术，花哨的技术手段虽然能令受众一时惊叹，却无法留住观众的心。能够引起观众心灵上共鸣的，只有艺术作品背后的人文情怀与精神价值。

（2）弱化了影视艺术的道德价值

不可否认，数字媒体技术的应用，给观众带来了一场视听盛宴。但是关于影视艺术的原本价值追求，也因为数字媒体的广泛应用而逐渐变质。艺术作品中出现了大量的娱乐性因素，反而使艺术作品的道德教育价值变得模糊。甚至有一些影视艺术作品为了吸引观众的眼球，将暴力和色情化的因素掺杂在作品中，不但不利于观众身心健康，更是使原本属于影视艺术的价值大大降低。尽管这些低俗的影视内容能够在播出后收获不错的收视率，但是关于影视艺术的道德标准和艺术价值早已荡然无存。

影视艺术工作者为了追求利益忽视道德价值，对于影视行业的发展来说是非常遗憾的。另外，数字媒体技术的场景渲染能力非常强，我们不否认它带给了观众震撼的观赏体验，但是这一类型场景对于观众的价值观来说有很大的影响，很多时候会使观众的感性超越理性，使观众的价值观变得扭曲，以致于做出不负责任的行为，抱憾终身。在社会宣传积极向上的正能量的背景下，这一系列问题，应当充分重视。

（三）数字媒体背景下影视艺术的发展策略

将艺术色彩和美学融入影视艺术中，将人文情怀融入影视艺术众和将文学价值融入影视艺术中，是新媒体技术背景下影视艺术发展的主要策略。

1.将艺术色彩和美学融入影视艺术

数字媒体技术手段是推动影视艺术发展的原动力。在影视艺术发展过程中，将艺术色彩和美学与其进行融合，对于提高影视艺术的观赏性具有重要作用。在现实生活中不存在的场景或者是作者构想的场景，都可以利用数字媒体技术呈现出来。另外，还可以使真实的生活场景虚拟化，真真假假的场景在影视艺术中不断切换，很大程度上弥补了传统影视中的缺憾。

数字媒体技术让影视艺术的表现形式更加灵活，同时，使影视作品在表现上有了更广阔的空间，让作品的艺术性与技术性进行融合，使观众能够在影视作品中找到属于自己的归属感。在数字媒体技术的应用过程中，要注重对美学因素的挖掘，实现艺术性的表达，让观众在观看作品的同时感受到愉悦。

2.将人文情怀融入影视艺术

在数字媒体技术的应用过程中，传统影视艺术的人文情怀不能丢失。我们借助高科技手段为人文精神服务，是要提高文化价值，而不是为了替代原本的传统文化。没有人文价值的作品，就像是没有灵魂的空壳，无法实现长久的生存。在时代浪潮的冲刷下，这种类型的作品最终将会被淘汰。因此，即使在当前的影视艺术广泛应用数字媒体技术的前提下，仍然需要坚持以人为本的原则，实现人文精神与数字媒体技术的高度融合，打造积极向上，具有社会正能量的影视艺术作品。

在新时代的背景下，数字媒体技术已是大势所趋。所以，人文情怀与影视艺术作品的融合问题亟待解决。影视艺术一方面要实现技术上的变革，另一方面要对人文价值进行充分挖掘。影视艺术制作者更要意识到数字化与人文精神之间实现高度融合的重要性，切不可将艺术价值看作数字化技术的附属品。想实现影视作品的长远发展，数字化技术与艺术价值的追求都不能放弃。

3. 将文学价值融入影视艺术

影视艺术作品想要万古长青，必须在作品中融入文化价值，引起观众情感的共鸣，拉近与观众之间的距离。普通观众在欣赏影视艺术作品的时候，他们将更多地关注故事情节与作品的感染力上，并不会过多地纠结在拍摄过程中采用了怎样的拍摄手段。所以影视艺术作品在运用数字媒体技术的时候，要将艺术表现形式作为切入点，着重刻画表演者的情绪状态。运用镜头特写等手段，使观众的情绪随着剧情的层层递进而变化，从而使观众参与到作品中来。

影视作品的呈现，一方面是要带给观众视觉上的冲击、感官上的体验，另一方面，还要引发观众的思考，使观众意识到作品背后的价值，从而提高对作品精神层面的理解。要善于利用数字媒体技术对影视艺术作品的辅助作用，运用得当会使影视作品的张力得到明显提升，营造出的角色性格特点更加鲜活，突出作品主题思想，推动影视艺术走向更高的台阶。

在新时期背景下，影视艺术正在向更高的层次迈进。由于数字媒体技术对影视艺术产生了重要的影响，我们在应用数字媒体技术的同时，更要重视作品中的人文价值、美学色彩等艺术的感染力，将技术与艺术进行有机结合，为影视艺术的发展开辟新天地。

参考文献

[1] 陈少华，张燚．新媒体与传统媒体 [M].成都：电子科技大学出版社，2015.07.

[2] 郭全中．新媒体环境下传统媒体的转型战略研究 [M].中山大学出版社，2019.06.

[3] 韩晓燕．新媒体环境下优秀传统文化传播机制研究 [M].北京：经济日报出版社，2019.01.

[4] 姜进章．知识创新新媒体时代的视角 [M].上海：上海交通大学出版社，2011.01.

[5] 林迅．新媒体艺术 [M].上海：上海交通大学出版社，2011.06.

[6] 马炅．新媒体丛书：新媒体漫画创作 [M].重庆：重庆大学出版社，2015.12.

[7] 马景凤．新媒体艺术设计与中国传统文化的创新融合发展研究 [M].北京：中国纺织出版社，2018.11.

[8] 马晓翔．新媒体艺术研究范式的创新与转换 [M].南京：东南大学出版社，2016.04.

[9] 石磊．新媒体概论 [M].北京：中国传媒大学出版社，2009.10.

[10] 王平．融道：传统媒体智造新融合平台的方法论 [M].北京：中国国际广播出版社，2021.07.

[11] 王松，王洁．移动互联网时代的新媒体概论 [M].上海交通大学出版社有限公司，2018.08.

[12] 徐耘春．数字时代背景下的中学新媒体艺术教育研究 [M].上海：上海交通大学出版社，2019.

[13] 杨静．新媒体广告传播与发展研究 [M].北京：经济日报出版社，2017.08.

[14] 俞洋．数字媒体艺术与传统艺术的融合研究 [M].长春：吉林人民出版社，2020.08.

[15] 张玲菲，孙峰岩，吴莎．新媒体环境下传统文化对大学生素质教育作用的研究 [M].长春：吉林文史出版社，2019.03.

[16] 张淑华．新媒体与传播的公共性建构 [M].郑州：河南医科大学出版社，2016.09.

[17] 朱天，梁英等．新媒体创新论丛 新媒体与传媒产业生态 [M].上海：复旦大学出版社，2015.12.